JN439758

안경을 닦다

그림나무 2

그림나무 2015

안경을 닦다

지은이 이기철 외
펴낸이 최명자

펴낸곳 책펴냄열린시
주소 48932 부산광역시 중구 동광길 11, 203호
전화 051 464 8716
출판등록번호 제1999-000002호
출판등록일 1991년 2월 4일

인쇄일 2015년 11월 18일
발행일 2015년 11월 20일

©이기철 외, 2015. Busan Korea

값 12,000원

ISBN 978-89-87458-92-2 03810

• 저자와 협의하여 인지를 붙이지 않습니다.
• 잘 못된 책은 바꿔 드립니다.
• 이 책의 내용 중 일부 또는 전부를 저자 및 출판사의 동의없이 사용하지 못합니다.

국립중앙도서관 출판예정도서목록(CIP)

안경을 닦다 : 그림나무 2015 / 지은이: 이기철 외. -- 부산
: 책펴냄열린시, 2015
p. ; cm

ISBN 978-89-87458-92-2 03810 : ₩12000

한국 현대시[韓國現代詩]

811.7-KDC6
895.715-DDC23 CIP2015029628

제3시선 10

2015

그림나무 시

편집위원

강영환 김경숙 조정이 신진련 김지영

'그림나무시 2'를 내면서

작년에 이어 금년에도 엔솔로지 〈그림나무시〉를 낸다. 두번째가 되는 이 작업이 앞으로도 지속적으로 이뤄지길 꿈꾸어본다. 함께하는 도반들이어서 큰 이견이 없는 한 이뤄질 수 있다는 생각이다.

현실이 몸을 죄어 들수록 영혼은 더 자유로워지는 것이 시인일까? 풀리지 않는 현실세계가 시를 더 깊이있고 단단하게 만드는가보다. 스스로 더 자유롭고 깊이있는 삶의 성찰을 통해서 얻어지는 자유로움, 그것 때문에 한 줄의 시는 존재하는 것이며 시를 쓰는 이유가 아닐까.

시를 왜 쓰는가에 대한 물음은 지속적으로 있어왔고 시인들마다 그 답변은 개성있게 토로되어 왔다.

시는 자기표현이 고급화된 기호가 아닌가 생각한다. 어린애가 태어나자 마자 울음으로 자기 존재를 세상에 알리는 것처럼 인간은 끊임없이 자신의 존재를 밖으로 표출시킨다. 노래로, 그림으로, 언어로, 아니면 행동으로 내면의 욕구를 드러낸다. 그렇게 하지 못할 때 사람들은 우울증이라는 병에 시달리게 되는 것은 아닌지. 자신의 삶이나 생각들을 시로 형상화 시켜나가는 즐거움이 현실에서 조여오는 갑갑함을 모두 지워버리고 마는 것 같다.

그림나무 회원들의 작품이 저마다 개성있는 목소리를 가지고 다양한 세계를 보여 주는 모습이 참 아름답다. 시에는 정답이 없기에 이 다양한 목소리들은 어떤 한 사물의 모습처럼 감동을 아름답게 전해 줄 수 있을 것이라 믿는다. 자신이 생각하는 세계를 그려내고 직시하는 모습에서 참다운 자신의 존재를 확인하고 그것을 밝혀 다른 사람과 공유하고자 하는 삶은 참 아름답고 보람있는 작업일 것이다. 어느 누구도 그런 아름다운 일을 방해할 수도 없고 방해 받을 수도 없다.

초대시에 기꺼이 참여해 주신 분들께 감사를 올린다.

목차 6

책을 내면서 4

초대시인

이기철
조창환
이영춘
구재기
정익진
권정일

이 기 철

단풍에게 말 걸다 외 1편

여름아
이젠 번민으로 붉어진 가을에게
지난 한 철 잊는 일을 도와주자

송아지

너무 많이 걷지 않았느냐
물으면
송아지가 맨발로 냉이꽃을 밟은 채 나를 올려다본다
그 눈 안에 하늘이 담겨 있다
자꾸 울고 싶은 얼굴이다
저 목에 누가 고삐를 맬 수 있나
송아지가 울면 유선이 돌아
어린 복사나무가 화들짝 복사꽃을 피운다

이기철/ 1972년 《현대문학》으로 등단, 시집으로 『청산행』『유리의 나날』『내가 만난 사람은 모두 아름다웠다』 등 다수, 에세이집 『쓸쓸한 곳에는 시인이 있다』『손수건에 싼 편지』 등이 있다. 김수영문학상 외 다수 수상, 현재 영남대 명예교수, 〈여향예원, 시 가꾸는 마을〉 운영

조 창 환

풍경, 출렁이는 외 1편

수평선 멀고
파도 가깝다

달무리 은근하고
구름 그늘 고요하다

출렁이는 풍경 오래 바라보는데
혼자 남아 밤 이슥토록 바라보는데

바다가 슬그머니 뒷짐 지고 다가와
어깨 툭 치면서 부드럽게 타이른다

—이제 그만 들어가 자거라

마애삼존불 같은 음성
흰 두루마기 자락이 펄럭였다

입추立秋

폭염경보 걷히지 않았는데
절기로는 입추立秋라 한다

화성火星은 서쪽으로 흘러 있고
미성尾星은 중천에 떠 있는 날

땡볕 아래 땀 흘려 잡초 뽑다말고
하늘 본다

익숙해도 번번이 낯선 절기
입추立秋

초대받지 않았어도 어김없이
오긴 오는구나

땡볕 아래 부질없이 땀만 흘리고
여전히 잡초는 못다 뽑았는데…

조창환/ 1973년『현대시학』으로 등단. 시집『벚나무 아래, 키스자국』,『마네킹과 천사』,『수도원 가는 길』,『피보다 붉은 오후』외. 한국시협상, 한국가톨릭문학상 등 수상. 현재 아주대학교 명예교수.

cwcho2809@hanmail.net

이 영 춘

신神 앞에서 외 1 편

후배가 뇌출혈로 입원을 했다
일요일이다
병실을 찾아가는 내 발목이 휘청거린다

오후 5시, 들어서자마자 저녁 밥그릇이 들어온다
말똥말똥한 의식에도 밥알을 넘기지 못한다

울컥 치밀어 오르는 목 메이는 목소리,
"그동안 내가 너무 오만했나 봐요, 신 앞에서…!"

휘익- 신이 다녀간 듯, 그의 눈이 동그레진다

나는 선뜻 대답할 말을 찾지 못해
허공에 대고 자꾸 헛손질만 한다

부채살 같은 햇살이 창을 넘어간다

아직 한낮이다

트럭 사리

죽음을 향해 굴러가는 한 떼의

소,

지금 타고 가는 저 트럭이 자기 집이라고 생각하는

저들의 저 깊은 눈,

저들은 지금 가는 길 알고 있을까

끔벅-끔벅- 채찍질 눈치 보며 한 세상 살다가

한 생애를 싣고 세상 밖으로 떠나고 있는

저 깊은 적멸,

적멸로 향해가는

한 트럭의 진신사리

이영춘/ 강원평창 봉평 출생. 경희대국문과 동 대학원 졸업. 1976년『월간문학』으로 등단. 시집 『시시포스의 돌』『귀 하나만 열어 놓고』『시간의 옆구리』『봉평 장날』『노자의 무덤을 가다』『신들의 발자국을 따라』외. 시선집『들풀』외. 윤동주문학상. 고산문학대상. 인산문학상. 강원도문화상. 동곡문화예술상. 시인들이 뽑은 시인상. 한국여성문학상 등을 수상함

lycart@hanmail.net

구 재 기

벙어리 장갑 외 1 편

어머니는
몸에 걸쳐 입던
스웨터의 얽힌 올을 풀어

아무 말 없이
벙어리장갑을 짜주셨다

추운 날 아침
갈라진 손가락들이
형제처럼 모여 들었다

*스웨터(sweater) : 털실로 짠 상의

거리에서

저것 좀,
저것 좀 봐
지나온 자리는
다 부끄러운 거야
고개 숙인
나뭇가지에서 떨어져
제 그림자를 슬며시 덮고 있는
저 낙엽 좀 봐
그렇게 성가시게 굴던
바람까지 데불고 와서
제 발등을 덮고 있는 걸 봐

구재기/1978년 《현대시학》으로 등단. 시집 『추가 서면 시계도 선다』과 시선집 『구름은 무게를 버리며 간다』등 다수. 충남도문화상,시예술상본상, 충남시협본상 등 수상. 현재 : 충남시인협회 회장. 『Daum-Cafe 산애재(蒜艾齋)』 운영.
http://cafe.daum.net/koo6699』
koo6699@hanmail.net

정 익 진

가습기 외 1 편

몇 시간이 흘렀을까.

불길한 징후가 피어오르고
발자국 소리 다가온다.
총을 꺼내 들었다.

정확하게 조준, 탕탕, 아무리 방아쇠를 당겨도
불안은 후퇴하지 않는다. 죽지 않는다.

죽어라
죽어라
탕탕탕
제발 죽어다오.

끊임없이 떠오르는 악몽들
사라지지 않는 신기루,
내 눈동자 속을 파고드는 너의 집요한 혓바닥을
잘라낼 수가 없다.
쉽사리 추락하지 않으리라 다짐해보지만

우울한 음악이 흘러나오고
액자 속으로 사라지는 풍경들

피자마자 증발해버린 꽃들은
원래 뿌리조차 없었다.

떠도는 귀신들

매복 중인 외계인들이
습, 습 입맛을 다시며 창가로 스며들 때

탕탕, 중환자실, 마지막 한 줌
수분마저 빠져 나간, 그의 반쯤 벌어진 입에서
들려오는 목소리
아, 이제 투명해 지려나

와플, 바삭바삭, 눅눅한

생각이 핫이슈가 될 때까지 기다린다.

바삭바삭하다.
때를 놓치지 말고 달라져야 한다.

잘려나간 기억들이 바삭거린다.
아니다. 태양이 눅눅해질 때까지 몇 번 더 위험에 빠져야겠다.

스트로베리와 블루베리 하나씩 주세요.
헤어지기 좋게 각각 반으로 잘라 봉지에 넣어주세요.
얼마죠, 내가 잘못했다는 것을 나도 알아요.
오, 깃털처럼 가벼운 위안을 한 입 먹기 위해
얼마나 큰 대가를 치러야 하는지. 나 원 참
금붕어처럼 조금씩 뜯어먹다 하마처럼 입을 벌려 봐요.
입안의 생각들이 훤히 다 들여다보이죠.
생각이 뜨거운 추상*이 될 때까지 기다린다.
바삭바삭했거나 때론 눅눅했던 추억들,
될 대로 되라는 식의 기분이나 쓸모없는 진실이거나

망고 하나 하고요, 키위 하나 더 주실래요. 말들이 많아졌어요.
여기서 먹을 거예요. 우린 헤어지지 않을 겁니다.
당신을 맛보기 위해 감방을 탈출해서 콜택시를 타고 왔어요.
지금까지 참아온 것이 자랑스러워요.

드디어 사정 이후의 페니스처럼 눅눅해졌다.

축 처져버렸다. 다시는 바삭거리지 않을 것처럼

나머지 감정들,
튤립 한 다발과 얼룩말 한 마리는요. 여행 가서 먹으려고요.
바싹 익혀볼까요, 침을 발라 눅눅하게 해드릴까요. 둘 다 아직은 살아 있어요.

들리죠?
누군가가 새파란 해골을 바삭바삭 씹어 먹는 소리가

오, 두통이 심해지는군요.

*칸딘스키

정익진/부산 출생. 1997년 《시와사상》 등단. 시집 :『구멍의 크기』, 『윗몸일으키기』, 『낙타 얼룩말 코끼리』, 『스캣』이 있음. 부산작가회의 회원. 2014년 부산작가상 수상.

권 정 일

무관한 빛 외 1 편

기운 마음에 드는 기운
마음의 일이 구두라는 구두코 같이 둥근 너는
눈썹을 뽑고 무언가 결심해야만 하는 내 마음과
무관했다.

눈을 감고
눈 감은 것은 하얗다.
눈이 빚어낸 빛이 한가득해서 앞을 보지 못했다.

어떤 발소리도 닮지 않은
구두코가 둥글다.

구두는 현관 손잡이 안쪽 실밥 뜯긴 구球처럼
소리를 빨아들이며 적당히 있었다.

말이 입을 물고 나오지 못했다.
얌전한 구두와 무관하게
손잡이 밖은 모든 취향이 똑똑했다.

기운 바닥에 드는 기운
구두의 일
닳아지면서 닳아지게 되면서
스르륵 사라지다 드르륵 돌아온다.
모여드는 소리들처럼 소리를 빨아들이는 고요처럼

막간

수인사가 손을 흔드는 형식으로
이용하는 것은 막간이다.

친애하는 338-1에 시동을 걸어놓고
가스라이터 파란불꽃처럼 힐금한 생활을 반짝
속주머니에 밀어 넣고 눈과 손을 빌어 짧게 하는 인사

산토끼 몰이하듯
손은 커다란 번호를 이름처럼 가진 버스를 몰아야한다.
출발선에선 늘 휘발유 냄새가 났다.
천관을 향하다 목이 베인 유신참마의 비릿한 피 냄새 같은

한 번 커브를 돌면 모두의 어깨는 왼쪽으로 쏠려
반대로 기울어져도 쏟아지지 않는 손목이 잠시
손잡이를 놓치고 휘청거린다.
이 쏠림, 집으로 가는 일이어서 조금 덜 미안하다.

앵무새 여자의 상냥한 다음 정류장은 그대가 내릴 곳

생활의 문들이 한 블럭 한 블럭 열리고 닫힌다.

멈춤과 출발
이쪽과 저쪽

손을 흔드는 형식으로 막간을 이용하여 338-1이 손을 흔든다.
막간이란 말에는 거수경례하는 수인사의 말미가 산다.

권정일/1999년 《국제신문》 신춘문예 등단. 시집 『양들의 저녁이 왔다』외, 산문집 『치유의 음악』 부산작가상 수상, 김구용 시문학상 수상.

회원 작품

강영환 강위서
김경숙 김경희
노장현 박무섭
박윤자 박재곤
변 송 손삼현
송경희 신진련
유미화 이남훈
이만장 임희자
장진구 정순용
조정이 차달숙
최선희 권혜민
김경련 김미순
김선미 김원용
민정원 박순미
윤정희 이명숙
이리안 이재준
정주영

강 영 환

윤슬로 가는 길 외 2 편

빛을 따라
동쪽으로 갔다 서쪽으로 갔다
아니 남쪽으로 갔다

잘 닦은 길 위에서 듣는 발소리
숱한 말없음표로 두면 안되랴
비늘은 산산이 흩어져 가고
몸 하나 숨길 그늘도 없이
하늘과 함께 길을 가고 있구나

달빛이 죽은 사막으로
물빛이 투신한 강으로
무덤이 낮아진 산으로

하나로 된 길은 돌아보지 않는다
몸이 길이어서 눕지도 않는다
유혹하는 눈빛이 날아간다
동쪽이 먼저 저물고 이내
남쪽과 서쪽도 무너졌다

길이 어둠에 지워지고 나면 그 뿐
잘 닦여져 빛이 있는 소리
도달할 수 없는 물 끝에 앉아
그림자가 지워진 뒤 한 번 더
길 위를 가고 있는 새

어둠을 따라
서쪽으로 갔다 동쪽으로 갔다
아니 남쪽으로 갔다

새가 되고 싶은 물고기

새장 속 책장 안에 숨어 들어
낯선 책을 쓱 열고 지나갔다
입맛에 맞는 말을 찾아내
출렁거리는 날개를 만들었다
깃털을 매달고
눈 먼 허공을 유혹했다

거침없던 물속 유영은 가라앉아
입술에 젖은 말을 삼키고
출구가 봉쇄된 문 안에서
날개는 지상에 묶여 있었다

손끝에 잡히지 않는 별이
무지개 언덕을 넘어 갈 때까지
숱한 말로 버무려진 몸이 절로 뜨거워져
지상을 떠나지 못하고
스스로 무너지는 날개를 감췄다

등불 · 23

생나무 울타리 보리똥 나뭇가지에
직박구리가 드나드는 것을 보고는
붉게 익은 열매 따기를 포기했다
효소를 담가 천식을 달래려던 일을 작파하고
끼니마다 드나드는 허기 지우는 일보다
더 아름다운 무엇이 이 땅에 있을까
밥이 잘 보이도록 걸어 둔 등 하나

강영환/ 경남 산청 생. 1977년 동아일보신춘문예로 등단. 시집으로 『블랙커피』 외 다수. 부산작가상, 이주홍문학상, 부산시문화상 수상.
ebond@hanmail.net

강 위 석

옥상 외 2 편

금 간 화분마다 기르던
상추 쑥갓 쪽파들을 뽑아낸 옥상에
덧칠된 방수 페인트가 푸르게 출렁이고
날마다 조금씩 바다가 자란다
터앝 같은 자드락
구멍난 채소잎보다 더 흔들리며
장독 항아리가 나란한 지붕
길을 내고 길을 건너
옥상은 흔들리는 섬이 된다
하늘 눈시울 검어지면
밧줄을 타고 내려온 벙어리 별들이
흔적을 만들며 속삭이는 옥상
나는 온 몸 얼룩을 닦으며
낮은 걸음으로 나무 계단을 오른다

1박2일
-속죄

욕지도에서
해초 말리는 윤씨 할머니
집을 나와 통영으로 갈 때
붙임성 많은 하얀 물이랑과
재갈매기가 주고 받는
낯선 눈물을 눈에 넣었다
애랫배 불룩하게 담은
물능선과 해풍은
길 위에서 받은 둥근 축복이다
눈물을 더 아끼지 못한
해삼 내장 같은 흉금
한 올씩 게워가며
올려다보는 하늘에
있는 죄 없는 죄
죄다 용서를 빌었다

수화手話

스마트폰에 몸을 넣은 사람들
분주한 지하철
일과를 마치고 나란히 앉아
벽을 높혔다 언제부터였을까
말을 놓아버린 사람과 사람
손가락으로 주고 받는 선명한 말
눈이 먼저 알아 듣고
둥글어지는 얼굴이다
저 붉은 언어들
밤을 밝히는 등불이 되려나
진철은 멈추지 않고 질주한다

姜魏錫/경남 고성출생. 2014년 등단, 새부산 시인협회 회원.
kws3661@daum.net

김 경 숙

저울 외 2 편

손끝이 스쳐가는 얕은 몸짓에도
대책 없이 휘어지는 사랑아

혼자서는 건널 수없는 선 넘어 가
두근거리는 심장 맞대어 보고자
수직의 중심에서 주책없이 흔들려도
짐짓 태연한 척 숨죽이고 있다가도
속눈썹에 기척이 닿기만 해도
훌쩍 선을 뛰어넘는 초조한 사랑아

불면 뒤켠에 숨겨둔 눈물무게로
달뜬 외바늘을 신열로 뒤척이며
촘촘한 눈금 경계에서 밀고 당기며
큐피드 화살로 솟구치는 사랑아

스쳐가는 희미한 체온 품어 안고
흔들리는 빈 가슴 쓸어내며
끝내 휘어져 멈추고 싶어
금과 금 사이 보무步武도 당당히
수평으로 드러누운 능글맞은 사랑아

메주

물색없는 민낯으로
석 달 열흘 입을 닫아걸고
난간에 겨우 매달려 바람을 품는다

주린 햇살이 피를 뽑아가고
곰팡이가 심장을 파먹어도
허물어지는 등뼈를 곧추세워
밤낮 묵언정진하고 있다

갈라 터져 부스러지는 등짝에
연사흘 눈발이 휘몰아쳐도
눈썹 하나 까딱하지 않는다

누렇게 야윈 몸통 하나
맹목 냄새로 가문의 계보를 이어가는
침묵만한 열반涅槃이 있을까

손금

손가락으로 소금이라고 쓰면
손바닥에 파도가 친다
손금을 빠져 나온 길들이
바다 밖으로 향하고 있다
지도 밑 얼룩진 길을 따라가면
막다른 곳에 염전이 있다

생각을 졸여 세상을 간하고 있는
손을 뒤집어도 지워지지 않는 바다
할아버지 맥박 속을 돌아 나와
순례자처럼 수평선을 지고 간다
물려받은 한 뙤기 소금밭에서
불볕에 타는 굽은 등을 짊어지고
바람에 그을린 고무가래를 끌며
소금 탑을 쌓고 있는 아버지

얼키설키 소금꽃이 피어있는 눈물의 가계
몸속에 흐르는 피 죄다 졸여서
염전에 뿌려 간 맞춰 놓고
노을로 타고 있는 혈통을 건질 때

바다를 벗어나지 못한 파도가
내 손바닥에 소금을 뿌렸다

김경숙/ 강원도 화천출생 서울서 자람. 2007년 《월간문학》 등단. 시집 『소리들이 건너다』 『이별 없는 길을 묻다』 『먼 바다 가까운 산울림』 『얼룩을 읽다』 산문집 『우리시대의 나그네』 외 공저 다수. 〈한국바다문학상〉 수상. 〈한국해양문학상〉 우수상.

kindlysook@hanmail.net

김 경 희

송곳바람 외 2 편

혓바닥 속에 잠겨있던 말들
불현듯 입 밖으로 흘러나온다
칼날같이 파고드는 조각난 파편들이
회오리바람에 나아가지 못한 채
제 발등에 떨어지는 화살촉이다

매운 언어 끝에 찔린 하루가
온종일 비틀거린다
상처 난 시린 몸을 온기로 품어보지만
바람은 더 깊이 살 속으로 파고든다

꽉 다문 입속에서 울음마저 나올 수 없는
서러운 이빨만 부딪힌다
지울 수 없는 큰 발자국은
문신되어 가슴에 남는다

지하철 풍경

어스름이 짙어지는 수영역
밀려가고 다시 밀려드는 사람들의 물결 속
초로의 한 사내 빈 자리에 구겨진 몸을 맡기며
심벌즈 같은 소리로 승객들의 눈을 낚아챈다
"내가 소주 다섯 병 먹었는데… 서면 갑니더… 연산
역에서 …환승할 수 있게 내려주이소"
하며 젖은 신발 끝으로 눈이 감긴다

대답 없는 메아리에 불안해 하는 귀
몇 개의 정거장이 지나쳐도
침묵만이 덜컹되는 공간을 몸의 더듬이로 느꼈는지
허겁지겁 자리에서 일어나 불쑥 이마를 내민다
술에 찌든 걸음은 사람들 사이에서 비틀거리겠지

이미 지나버린 뒷모습의 끝자락을 잡고
챙기지 못한 미안함을 자리에 남겨두고
다음 역에서 하루를 달린다

통증 2

웃음이 정지되고
바람조차 찾지 않는
무더운 오후
날카로운 문장들이 귓속을 맴돌다
토해내듯 빠져 나간다

반가이 안을 수도
모른척 할 수도 없는
몸의 수상한 문장을
털어내고 싶다

현재도 미래도 아닌
어디에도 머무르지 못하는
미묘한 시간대에 살고 있으며
흐릿한 눈빛은 겨우 감정을
의지하고 있다

위장에서 소화하지 못한 비릿한 알약들이
입 밖으로 흘러나오다 바닥으로 흩어지고

시계 바늘도 움직이지 않는 정오에
삭정이 같은 내 모습을 한 순간이라도
살뜰한 빛깔로 품어보고 싶다

김경희/ 부산 출생.
kyeong8430@hanmail.net

노 장 현

능소화 외 2 편

땅에서 단물 솟아 나와
애타는 욕망의 그림자
무심한 세월의 갈림길에서
한숨으로 몸부림 치네
가녀린 줄기나무는
초록 치마 걸쳐 입고
마디마디 발을 뻗어
수줍은 꽃잎이 빛을 남기고
그대 눈길에서 떠나가버린
안개 맺힌 원한의 눈물이
시샘에 잠겨 궁궐이 한스럽다.
기다림에 지친 소화
담장 밑에 쓸쓸히 잠들고
순결한 매혹의 자태
꽃으로 물들인다.

소망

목동의 여린 피리소리
노을빛 가슴에 담아
두 손 내밀어 영원을 부르며
설렘으로 미감을 세운다.
사색하는 오솔길은 가슴 끝에 머물고
살아서 빛나는 공간의 너울들
공허한 허상을 몰아내고
은빛 생명이 웃음 짓는다.
돌아본 달빛 무지개
세상 정욕 파도에 묻어
맨드라미 피어날 때
풀꽃들도 화답하네
나의 미로에 홀로 서 있는
삶의 망각을 깨치고
그윽한 밝은 영혼 본향을 찾아
영원한 안식처로

*미감: 맛을 느끼는 감각

자연 앞에서

뒷산마루에 아카시아꽃
내 그리던 백작설처럼
꿀 향은 바람을 타고 와
창가에 백옥 가루를 쌓는다.
흰구름 기러기 되어 나르고
돌아온 잎새들이 물결치는데
내일이면 녹색의 정원이 되리
나무는 침묵으로 이상을 높이고
성숙한 호수는 물안개 되어
순수한 춤으로 피어오른다.
산은 살아 숨 쉬는데
솔새들은 날개치며 우짓는다.

노장현/ 《에세이문예》로 수필 등단. 효원수필문예, 부산수필문예, 부산문인협회 회원.

박 무 섭

인동차忍冬茶 외 2편

백양산 기슭 양지바른 길섶
입춘이 머뭇거리는 잔설더미 아래
가녀린 몸매에 연두빛 눈망울
하늘길에 오른다

자작나무 곁살이가
처마 그늘에 묻혀오는 어둠
가시덤불 속을 헤집으며
차갑게 타오르는 심장위로
푸른 날개를 접어 두고
시린 달빛만 삼켰다

서릿발 맺힌 가슴을
어둠에 태우고 또 태워서
쓰린 시간들 삼킨 향기
고스란히 찻잔에 담았다

민들레
–옥상

이층 슬라브 옥상
노란별이 내리고 있다
산들바람 불어오는
뒤쪽 가장 자리에
민들레 한 송이 피어있다
온통 시멘트 바닥인데
안쓰럽게 싹을 틔웠다
파인 바닥에 한 줌도 안 되는 흙을 보듬고
이파리 석장 꽃대궁 하나
흙이라기보다 먼지가 모인 것이다
하늘에 떠도는 먼지가 민들레 홀씨를 껴안고
한갓진 옥상에 신접살림을 차렸다
땅 위가 무서웠나 보다
힘겹게 얻은 옥탑방
한 방울 물이 아쉬울 때
미소 띤 달이 내려다보고
꽃잎에 이슬방울 맺혀준다

운문산 사리암邪離庵

진신사리眞身舍利 친견하러
한 발 한 발 업보를 밟고
삼천 계단을 올라
구름이 가로 막는 하늘가에
우뚝 솟은 사리암邪離庵에 닿았다
전생에 죄업으로 사리舍利는 보지 못하고
관음전 앞 뜰 석양빛에
세속에 때묻고 얼룩진 그늘
나반존자 굽어보는 가을 햇살에
사리邪離를 씻어 내고
가벼운 가슴안고
범속凡俗으로 내려왔다

박무섭/ 울산시 울주군 출생. 한국방송통신대학교 국어국문과 졸업. 전 해양수산부 정년퇴임. 〈길〉 동인회 회원.
pms440918@hanmail.net

박 윤 자

백련사 동백꽃 외 2 편

대한 지나면 봄이 오겠지
녹았다 얼었다 수줍은 눈 번쩍 뜬다
빛나는 이슬과 함께한 찰나
땅바닥에 내려놓은 몸 매무새
첫날밤 고개 숙인 신부의 고운 볼

허기진 가슴에 빈 바람이 오면
강진으로 가자
한 치 망설임도 없이
돌아누운 검붉은 그리움
데워지지 않는 안스러움 붙잡고
눈발도 펑펑펑 울어라

어떻게 살아야할 지를 배우지 못한
생떼처럼 매달리는 망나니새끼
매몰차게 뿌리치고
백련사 열다섯마지기 동백숲에 들라

다 내려 놓아라

다 쏟아 놓아라
설마 시린 발가락 그냥 보낼까
언 손등 내쳐 버릴까

녹차를 마시다

다향 한모금이 풀숲 길을 낸다
더듬어 따라가면 고향이 눈앞이다
미루나무 일렁이고 매미소리 자지러진다
사촌들 어울려 송사리 쫓던 냇가
고추잠자리 맴도는 시냇물
물장구 소리 아련하다

또 한 모금의 차
어머니 '밥 먹어라' 부르는 소리
귀 뒤에 쟁쟁하다
지금은 어디에도 없는 이야기 밖이다
내가 엄마 되고 할머니 되어
사진첩 모퉁이에 서있다

나머지 한 모금 차는
지친 나를 위해 마신다
등줄기 꼿꼿이 세우고
먹구름 머릿속 씻어 내어
환한 울림으로 잔을 권한다

옥상정원

아버지 그늘이 그립다
햇살 비집고 누운 바닥
온기가 등을 토닥인다
전깃줄 무심한 까마귀는 허공만 핥는다
숨 죽인 참새 눈치껏 오르내리고
뭇소리 비벼진 소음이 지붕을 감싸고 돈다
구급차에 몸 피하는 그림자도 바쁘다

서러운 밥상은 오늘도 마실 물이 없다
푸른 구름 스쳐간 빈 그릇에
투명한 바람은 언제까지 머물려나
출근 길에도 구르는 돌덩이 들여놓던 가장
삼층 올려 하늘마당 선물한다
살진 장닭 긴 목청이 새벽을 불러 모운다

일 밖에 모르는 어르신
평생 일궈온 차진 텃밭
아쉬운 시간을 남기고 집을 놓아 버렸다
봄 여름 가을 겨울

그대 위한 밥상 위에
빛나는 꽃밥이 차려진다
아버지여!
옥상의 아버지여!*

*헨델의 라르고-아버지여

박윤자/ 부산출생.
bakyunja@daum.net

박 재 곤

손바닥을 보다

백로 아침에 손을 펴본다
바위가 되어 입 다문다 해놓고
무수한 말들을 새겨놓았다
장대비에도 꺼지지 않는 약속
견고하여 우레에도 놀라지 않는 등불은
얼굴빛이 바래고
꽃양귀비는 손가락 사이로 빠져나갔다
이름도 모르는 바람을 잡겠다고
절룩거리며 따라 걷는 발길
바닥 안에 새긴 말을 지울 수 없지만
쉽게 뒤집으면 손등이다
한 시절 빛나던 계절로 돌아가는
인기척을 낼 것이다
바람에 흔들리면서도
푸른 힘줄이 바동거리며
금간 주름을 걷어내는 중이다

공룡능선을 걷다

석간수 마시느라
세상 구경한 적 없는 산길
산양이 다니는 벼랑 끝에
동자꽃 저 홀로 붉은 꽃을 피운다
허공에 앉아 있는 눈부신 독거
산 그림자를 베개 삼아 눌러앉아 버릴까
능선은 화답이 없다
한소끔 끓던 물소리 잦아든 골짜기 옆
불쑥 나타난 산문山門
늙은 소나무 숲을 키워놓고
산사는 열반에 들었다
고개를 드니 이순의 중턱이네
흔들리고 넘어지며 걸어온 산길
아름다운 꽃길이었다

비를 맞다 외 2 편

침묵을 원했지만
조금 수다스러운 여자다
더 말하지 않기로 했다
발걸음 뜸해지면 기다려지는 미소
재 넘어오는 신발 끄는 소리
어느새 두견새 울음이 되어
허공으로 날아갔다
장대로 쏟아내는 푸른 말을 쟁여놓고
스스로 삭이는 어둠
품고 온 웃음 거두어
손바닥을 빠져나간 그대
얼룩 한 점 남기지 않았다

주) 쟁이다: 차곡차곡 포개어 쌓아두다

박재곤/ 경북 청도 출생. 경북대 상대 졸업. 부산진구청 시부문 최우수상. 국제차어울림 문화제 차시 은상. 《부산시단》 신인상 등단. 시집 『강물의 정거장』 benifpak@hanmail.net

변 송

비 오는 날 외 2 편

마음에도 없이 내린 여우비에
외출은 처마 아래 기웃거리고
젖은 가슴 토닥이며
주머니에 넣고 가던 손을 멈춘다

궁금한 입맛 다실 궁리로
궁합 맞춰 불러오는
막걸리 한 사발
도반의 유혹에 못이긴 척 어깨 기댄다

부전동 문화로 고샅길 안쪽
문 열린 단골 주점에
손님 든 낌새로 달려온 주인

땡초 섞어 간 맞춘 부추전에
바보 맛 얼큰하게 어울려
준비 없이 젖은 귀갓길을 말린다

구두

엊그제 구입한 새 구두
어느새 뒷굽이 한 쪽으로 쏠리고
반듯하게 걷는 듯해도 비스듬해
걸음걸이 바로 잡아본다
발끝 모아 11자로 걸어도
언제 돌아갔는지
발끝이 양쪽으로 벌어져
여덟팔자 뒷걸음치듯 걷는다

질곡 없는 발자국이 어디 있으랴
뒤돌아보게 되는 걸어온 길
몸의 중심이 자주 기울어지고
밟아온 흔적은 멀어지는데
다리뼈가 휘어지다가 주저앉은 듯
닳아버린 관절들
밑창과 뒷굽이 어긋난 채
해질녘 노을 따라 기울어져간다

종점에서

풀 한 잎이 졌다
비보에 바삐 간 영락공원
새벽부터 몰려든 장의행열에
함께 온 곡성哭聲이 화구火口를 지키고
유족은 목메어 하늘을 본다

심장에서 오는 맥박을 거절하고
가늘게 들먹이던 숨소리 거두어
못 다 이룬 꿈 하늘에서 펼치려나
따스한 혈색 놓아버리고
체온을 거두어 간다

저승길에도 번호표가 배부된다
누구도 예측할 수 없는 날이기에
받아둔 순번이 무효 되더라도
언젠가는 나도 받아야 할 번호

가던 길 멈추어선 종점에서
주머니 없는 수의 갈아입은 빈손

흔적들은 화염 속에 사위어 가고
돌아갈 잿빛 가루만
불길 속에서 뚜벅뚜벅 걸어 나온다

변 송/《문학예술》 등단. 부산시문인협회, 부산시행정동우문인회. 차시 공모전(2014)은상 수상. 시집 『목련이웃』 그림나무 회원.

손 삼 현

비를 맞다 외 2 편

덥고 메마른 날은 끊임없고
네모난 유리창 넘어
해가 기우는 쪽 회나무가 붉게 젖고 있다

화살나무도 물들기 시작하고
말매미소리는 처서 쪽으로 멀어져갔다

엄마는 목욕 바구니를 들고
급한 자전거를 미처 피하지 못해
넘어진 뒤 혼자 길을 가지 못했다

병실 창문 밖 저무는 해를 바라보며
금강경 독경소리에 들어
지나온 날을 박음질하시며
잔잔한 숨결로 넘던 칠순

저물녘 고운 빛깔로
수의 차려입은 노을
엷은 단풍잎에 싸여
돌아오지 못할 길로 가셨다

사과나무

풋 과일 먹고 배앓이 할 때부터
손을 들여다보는 버릇이 생겼다
버팀목이 된 굵은선 세 줄

엄마 미소가 배앓이를 그치게 했다
나무는 가지 셋을 굵게 뻗어
향기로운 홍옥을 매달았다

해를 베어 먹은 사과는
등이 둥글어진 나무에 기대어 있고
비바람 서리를 막아주며
햇살은 붉은 등을 데운다

금이 깊은 엄마 손바닥은
된장과 멸치젓갈에 절여져도
은빛 실금 틈에서
하얀 사과꽃이 핀다

젖은 길

휠체어가 견디기엔 몸이 부푼 남편
열 살배기 아들이 시중 들지만
제때 스스로 해결하지 못한
대소변으로 하반신이 오염된 눈물

여행가이드로 길 위를 떠돌다 돌아 온
메마른 아내를 보자
때 절은 냄비 뚜껑을 날린다
아내는 젖은 솜이 되어
바람 한 짐 부려놓고
길들은 덜썩 주저 앉는다
먹다 남은 빵처럼 바스라진 아내

언제 연기가 되어 환풍구로
날아가 버릴지 모를 아내를
안쓰런 속마음과 달리
날카로운 혀는 꽃가슴을 저민다

눈이 충혈된 마른 삭정이가

젖은 길 위에 서있다

손삼현/ 경남 밀양 출생.
rane10004@hanmail.net

송 경 희

카메라 외 2 편

어쩌면
사라졌다간 되돌아오는
몽환의 한 조각

새침하게 웃는 모습
사랑스런 눈길만 담을 수 있다면
욕심일까
순간 포착은 렌즈를 부른다

환한 웃음 꿈꾸는 추억시간
동심의 세계로 빨려 들어간다
지나쳐 버리는 바람조차 잡으려
찰나를 붙든다

때 아닌 가뭄에 쩍쩍 갈라진 논밭에도
눈을 떼지 못하고
무호흡증에 걸린 식물의 아픔을 걸러낸다
순간순간
너의 마음조차 들여다 볼 수 있다면

거짓된 욕망일지라도
숨이 멎는 노을이 될 때까지 함께 살련다

다시 온 유월

먼동이 떠오르듯
포성이 들리던 대지 위
유월의 숨소리 스며든다

서로를 비벼대는 속 깊은 상처를
가리기 위해 까칠해진 마음으로
어제의 눈물자국 조용히 거두고

다시 일어나
꽃들은 다투어 먼저 피려
한 발짝씩 더욱 더 힘을 주고
걸어가던 뒷모습이 장하다

소리 소문도 없이 푸르게 덧칠하기 위해
숨이 차도록 두레박질하면서
저문 시간은 레일 위를 쉼 없이 달려왔다

지금은 잠시 걸음을 멈추고
하늘을 바라보면

아 척박한 시간들!
이제야 초록이 번졌다

손바닥을 보다

애절한 기억 속
문 밖 두드리는 바퀴소리
쉼없이 달리는 철길
어느 역에서부터 비추이던 시그널이던가

흔들리는 바다품고
수평선 바라보던 유년은
단호한 걸음걸이로
해의 넓이와 달의 깊이를
가늠치 못한 채
숨찬 시간을 더해간다

수레바퀴 속에서
더디 가는 혹은 멈춰서는
휴식도 오싹한 얼음골에서
눈물로 훔쳤다

달리는 기차는
간이역 더듬어

종착역 도착할 때까지
눌러앉았던 기적소리를 토한다
바람 저며 안은
웅크렸던 어둠도
순간, 차창에 머물렀다 가는
낯선 햇살로 반짝였다

송경희/ 충북 논산 출생. 2015 〈부산시단〉 등단. khee1225@hanmail.net

신 진 련

자갈치, 비를 맞다 외 2 편

갑자기 난장에 작달비가 방문했다
찬란한 소리들이 비를 맞이한다
볕양산이 펼쳐지고 좌판도 접혀졌다
도마에 오른 활어처럼 자갈치가 숨을 쉰다
뛰어가는 남자 뒤에서 처마 밑에 숨는 아이
매운바람이 갓 정박한 어선 갑판에서 내려
아지매들 속살 속에 파고들었다
젖은 바닥을 한 번 더 적시는 비가
우산도 없는 여인을 끌어안고
잠들지 않는 바다 속으로 뛰어 든다
난장에 나쁜 소문이 돌았다
먹구름이 달을 가려 주던 밤이 지나고
다음 날은 오징어가 만선이었다

욕갈치

노점상 오씨 할머니
손바닥 흘러가는 금에는
수십 년 질펀한 욕과 함께
수천마리 갈치가 뛰논다

길이 열리는 새벽부터
갓 받아 온 제주 은갈치를
좌판에 펼쳐 놓고 기다렸다

한 눈 팔던 남자가
좌판을 삐져나온 갈치 꼬리를 밟았는지
할머니 입에서 냅다 욕이 쏟아졌다

파도 소리가 담겨 있던 비닐봉지에
손질한 갈치와 함께
얼룩으로 남은 발자국을 구겨 넣고
땅에 버려진 꼬리를 남자가 툭
발로 차고 갔다

좌판 위에 누운 시간들은
긴 꼬리를 바닥에 늘어뜨린 채 남은
혹, 눈 먼 걸음을 기다리는
찬 수분에 젖은 욕갈치들

싫어하는 기색 없이 미소 짓는 남자가
자갈치를 자꾸 뒤돌아보았다
수십 년 무너지지 않는 욕과 함께
은갈치 꼬리가 유난히 길었다

아버지의 강

어둠이 뒷강을 건넜다

깨어진 햇살에 잘린 오동나무
노잣돈 받아 들고
뿌리내렸던 기억을 지우는 틈새로
바람이 함께 울고 간다

아이의 아이가 손자를 볼 때까지
지켜봐준다는 약속
십리 나룻터에 묶어두고
흰 국화 쌓여가는 강둑을
겨우 삼일간 서성이다
빛을 따라 강을 건넌다

"안녕"
못 다 한 말들이
실핏줄 가닥가닥 타고 하늘을 붉게 물들이는데
삼베적삼 물안개로 피어 오른다

이제 정말 “안녕”
뒤돌아서면
짓다만 거미집 보풀로 흩어진다

빛이 먼저 앞강을 건넜다

신진련/ 부산 출생. 자갈치에서 일함. 2014 〈차어울림문화제〉 차시공모 대상. 2015 〈문향〉 시공모 장원. 2015 해양수산부 주최 해양문학상 금상.
chdk82@hanmail.net

유 미 화

흔들리며 걷는 비 외 2 편

다가서는 흔적들을 지울 수 있을까!
기억 한 줌이라도 가지고 싶었을까!

실없는 웃음, 머뭇거리는 생각들을 모아
고개 들어 하늘을 바라본다.
마음, 고 하찮은 마음 하나를 어찌할 수 없어
바람의 입술을 훔치고 수평선까지 흔들어대며
휘어진 날개 감싸 안고 단 한번이라도
똑바로 서 보겠다는 저 안간힘
비와 물이 만나는 깊이 모르는 곳에서
더 깊은 곳을 향해 속울음 토해내면
허물 벗은 파도, 하얗게 소금꽃으로 필 때까지
바다에서 비는, 흔들리며 걷는다.

벽으로 흐르다

온 몸의 뼈들이 제각기 허물어져
한 줌 바람속에 똬리를 틀고 앉은 날
몸살약이라며 한 움큼의 알약을 집어삼키고
벽을 향해 누웠다.

끝을 알 수 없는 가슴앓이
삼킬수도 토할 수도 없는 뜨거움
새벽별을 등진 채 벽을 향해 내닫고
설익은 그리움이 헛헛함을 달랜다.

시침과 초침의 미세한 떨림을 쫓아
마음은 벌써 너에게 닿아있고
갈수록 선명해지는 불면 위로
숨소리마저 고요히 새벽을 맞는다.

운무에 갇히다

지난 밤 내린 비에
말갛게 씻기운 마음 하나 부여잡고
산에 오르면
허리까지 감싸 안은 운무
그 속에 여자의 섬이 있다.

차오를 때마다 토해놓은 울음이
삶의 더께보다 두터운 섬을 이루고
하얀 운무를 걸어 내게로 온다.

먹어도 먹어도 허기진 사랑마냥
홀로 침묵하던 밤의 무게도
출렁이던 물빛 바다를 쓸어안고
잿빛 하늘을 걸어 성큼 다가선다.

그루터기마다 주저앉은 인연이
손사래 치던 세월을 집어삼키고
바람이 시린 두 손을 모아

뼛속까지 운명이라 새겨넣은 그때
닦아도 닦아도 흐려지던 눈빛

사방을 둘러봐도 하늘과 땅 위
한참을 걸어도 다시 제자리
돌아갈 수도 돌아갈 곳도 없는
막다른 길의 끝에서
아! 나는 다시 섬으로 산다.

유미화/ 월간모던포엠 詩부문 신인상(2013년), 모던포엠 작가회 영남지회 회원, 달빛문학회 회원, 그림나무 詩 회원, 부산 시낭송 문학예술회원, 현) 법인어린이집 원장, 공저) 『나를 키운 바람소리』. 『시, 매화를 품다』, 『달빛문학』
salonyoo@naver.com

이 남 훈

원동역 외 2 편

순매원 뜨락 홍매화
여린 꽃망울 수줍게 터트린 봄날

철길 옆 갈대 허리 꺾으며
고음으로 내닫던 경부선 무궁화호 열차
꽃향기에 취한 강바람에 젖은 바퀴를
선로에 널어놓고 가쁜 숨을 고른다

굽어 흐르는 낙동강 잔물결
햇살 받아 금빛 출렁일 때
첫사랑 시린 기억 남기고 간 간이역

양지꽃

학교 앞 건널목에
꽃 한 송이 피었다
등교길 고사리 손 잡으며
한 달에 두세 번
아침 햇살에 환해지는 꽃
신호등 불빛이 바뀔 때마다
손에 든 깃발은 꽃잎처럼 흔들리고
노란 조끼가 어울리는 여인은
양지꽃을 닮았다

건널목에서 그만 꽃이 졌다
뿌리가 튼튼하지 못했던 몸에
적색등이 켜진 것은 일 년 전
시들어가던 그녀는
정지 신호를 지키지 못하고
강 건너 멀리 떠나갔다
공원묘지에 여우비 내린다
산등성이에 핀 양지꽃
혼자 아픈 눈물 흘리고 있다

죽녹원에서

땅 속 어디쯤에서 길을 잃고 헤매다
바닥을 찢고 나온 대나무 뿌리는
아버지 발등에 불거진 푸른 핏줄을 닮았다

어둠이 밤새 우려낸 댓잎에 맺힌 이슬이
죽로차로 환생하는 푸른 꿈을 키우는 동안
뿌리는 몇 해를 품었던 어린 싹을 틔우고
아버지 발등은 허기를 채운 식솔들이
대숲에 고랑을 깊게 팠다

남실바람 출렁이는 죽녹원에서
햇살로 끓인 잎차 한 잔
아버지 아픈 발 앞에 올리고 싶다

이남훈/ 부산 출생. 부산시 상수도 공무원 재직. namhoon68@hanmail.net

이 만 장

보이지 않는 이웃 외 2 편

하늘에 닿는 먼 산과 강물까지도
움츠린 가슴에 넣으려고
철골로 쌓아 올린 회색빌딩이
이웃을 지워버리는
벼랑 끝이다

육십층 콘크리트 사각 철문 앞에서
두드리는 손을 보았는가
빨래 흔들며 줄 위를 걷는 투명한 새가
눈먼 바람이라 했던가

빗금 속으로 흩날리는 눈발에
숨 깊은 네 입김을 보았다

여태껏 눈빛 한 번 마주친 적 없는
색깔 없는 얼굴이다

텅 빈 골목이라고
모자를 흔들지 마라

고요한 허공에 상처를 남긴다

겨울 남쪽 바다를 건너온
보라빛 실바람이
젖은 봄을 물고 와
달 밝은 아파트 정원을 흔들어
서릿발 내 가슴을 풀어 준다

을숙도의 달밤

달빛에 젖어 무아경에 빠진 하중도河中島에
갈 곳 잃어 몸부림치던 강바람이
갯바람을 만나 몸을 섞는다

거친 바람을 받아준 깊은 그늘아래서
비릿한 습지에 길들여진 철새들
집에 가기 바쁜 길손인데
노을빛을 머리에 이고
갈대숲에 자맥질하고 있다

하늘로 날아오르는 꿈에 들어
고니떼 무거운 시간을
털어버리고
깃털이 된 부러진 갈대

낙동강 끝자락에 머물며 그을려진 발이
별빛과 함께 걷는다
갯물이 손짓하는 파란 습지 위로
몸을 굴려 바람을 뿌린다

손바닥을 보다

손아귀에 잡힌 꿈을 놓지 않으려는 몸부림이다
'내 소유다'
내 속에 있는 빛이
이 우주에 어디 있더냐

손마저 '내 것이 아니다' 라고 말하기엔
눈망울 속에서 꽃이 터지고 있다
은연중 손길의 흔적만은
간절히 찾고 있기에
별은 핏줄은 심고 있었다

손을 풀어낼 고백이 많다
빈손을 위해 만들어진
발 무거운 가면을 쓰고
벼랑 끝 어둠 속을 걸어 왔다는 것을
손은 모르고 있었다

들여다 볼 촛불도 꺼져있고
쳐다볼 하늘도 없다

거친 강물을 저어온 손이라고
강물에 던져본들
허공에 빠진 손바닥에
누가 입맞춤 하겠는가

별자리 운행이 새겨진 손금이
강물을 본다

이만장/ 경북 경주 출생. 2015년 월간《문학세계》신인문학상 등단. 문학세계문인회 회원.〈그림나무〉회원, 부산진구 문학공모전 시 우수상. (주)경완산업 대표이사 역임.
s723794@naver. com

임 희 자

어떤 신사 외 2 편

넝쿨 장미가 빨간 꽃길에
파마머리와
은색 체크무늬 정장이 잘 어울리는
훤칠한 키 젊은 남자

작은 가방은
왼쪽 어깨에 느슨하게 메고
아침 햇살 안으며 걸어 간다

순간, 그에게서 빈 종이컵이
뒤로 휙 날아 떨어지면서
반 바퀴 돈다
커피 잔액이 보인다

몇 발자국 가더니
담배 연기가 흩날리는데
잠시 후 왼손 옆으로 슬쩍
꽁초를 던져버린다
꺼지지 않은 불씨에

연기가 피어 오른다

손 전화 통화를 하면서
걸어가는 뒷모습에
쓴 웃음을 덮는다

자수정 동굴

영남 알프스가 펼쳐진
수려한 열두 폭의 병풍 속에
빛나는 동굴이 숨어있다

안으로 들어서는 순간
서늘한 느낌으로 온 몸을 감싼다
정수리에 떨어지는 물방울에
마음 젖지 않고는 걸을 수가 없다

배를 타고 즐기는 호수도 있다
벽에는 자수정이 쏟아질 듯 많고
반지를 만들어 손에 끼어보고 싶다

하나씩 켜있는
어둑한 백열등 불빛아래
미로로 연결된 동굴이라
찾아 도는 길이
무섭기도 하고 신비스럽기도 하다

녹차 마시다

늦더위를 밀어낸 서늘바람이
옷깃을 스치는 휴일 아침
설거지를 마치고
창가 자리에 한 잔 향기를 놓았다
꽃구름 속에 피어나던 어제가 보인다

아, 또 만나네

운동장역 7번 출구를 오르는 중년부부
간편복으로 단정하게 차려입고
흐르는 땀에도 아랑곳 하지 않고
비틀거리는 걸음을 받쳐주기 위해
아내의 손을 왼손으로 꼭 쥐고
하늘을 향해 걸어가고 있다

꽃다운 나이였을 땐
뜨거운 눈빛으로 잡았던 손이
지금은 따뜻한 가슴으로 잡고 있네
가던 길 멈추고 멍하니 보다

물든 나뭇가지에 환한 미소만 매단다

임희자/ 경남 함양출생. 금강불교대학졸업.
heejl45@hanmail.net

장 진 구

장마 속으로 외 2 편

잿빛 하늘에 낮은 파도가 쓸리어 가다
부서져 비가 되어
백양산 자락에 내려와 바람을 지우는 오후

창을 밀고 들어선 안개비가
다 마른 빨래를 적신다

기침 돋은 가슴을 마름질하다
우산 속에 날이 선 자갈길을 걷는다

기억의 숲* 양버즘나무 밑동
타고 내리는 빗물에
여린 잎자루 하나 돋아났다

갓 피어난 솜이불 내려누운 잠결
기지개 켜는 까치발 눈부시다

우산아래 잃어버린 얼굴 되살아나
안개 속에 혼자 동그랗다

눈물

지하철 첫차를 타고 출근 길에 실리었다
차창을 지나는 불빛마다 지는 얼굴
눈을 감았다

가슴이 우는 소리를 들으며 잠든 숨결
눈가에 안개로 피어 차창 너머로
이슬이 되어 흐른다

채혈실 하루가 열렸다
메르스가 씌워준 하회탈 주름진 눈들은
동그라미 돌아난 전광판을 지키고 앉아있다

외래진료예약증 바구니에 담긴 이름이 불려져
마스크 쓴 얼굴이 주민번호를 묻는다
"오일 공육 일오"

팔을 걷어 내밀며 또 한 번 뇌이고
두드려 붉어진 피가 유리관을 채운다
차오르는 피톨들이 이슬로 맺혔다

잠을 밀어내고 빛을 찾는 일이 시작되었다
가쁜 숨소리를 모으던 흔적이
눈물로 되살아 왔다 가는 길

생수병을 열고 공복을 채운다
비어진 가슴에 강물이 흐른다

눈물이 떨어져 만든 흔적 위에
가랑비가 내리고 있다

하늘 문

아침 반나절 지나면
해를 삼키는 고층아파트 맞은편
이층 옥상 상자 텃밭에서
할아버지가 겨울을 걷어내고 있다

꼭대기 층에 이사 온 할머니
입춘첩 붙이고 발아래 내려 보다
옥상 출입문 앞에 섰다

바람 하나 들어 갈 수 없다
손잡이는 굳어진 회반죽이다
목이 아플 때만 열 수 있다

기러기 날아 떨어지고
갓 피어난 벚꽃 잎 날리는
천길 벼랑을 딛고 서있다

'화재 시 적색을 누르면
문이 개방 됩니다.'

붉은 단추 밀리는 소리
풀씨 하나 날아 올라
모서리 먼지 위에 앉았다

장진구/ 경남 밀양 출생. 전 부산광역시 공무원 정년퇴임. 현 시창작 〈길〉동인 회장.
django2208@hanmail.net

정 순 용

얼굴 외 2 편

작은 느티나무 한 그루
영보 할아버지 손잡고 죽령을 넘어와
줄포에서 뿌리내린 사백년
터줏대감 되었다

따가운 햇살에
얼굴을 찡그리는 음엽이는
뙤약볕과 어깨동무하고 있는
양엽이 뒤에 숨어
짙은 그늘을 만들었다

살랑바람 형제가
둘 사이 오가며 숨바꼭질하다
커다란 부채가 되었다

땀 흘려 일하던 농군도
후덥지근한 집안에서 일하던
아낙네에게도 반가운 피서지다

가지는 해마다 불어나
품은 하늘만큼 커졌다

올 여름에도 얼굴 쳐다보며
느티나무 뿌리 베고 누워
숨은 얘기 해달라고 졸라봐야 겠다

상처가 만든 길

백마고지 전흔으로
등에 깊이 패인 상처가 그늘이 되어
주례 보훈병원 빗장을 걸어 잠그고
칠년을 더 살아온 김상사
오늘도 백이십 킬로의 몸을 웅크리며
손길을 밖에 내치고 있다

상처가 만든 길이
밖으로가 아니라 안으로 나 있어
깊이 들여다 볼 줄 아는 사람에게
어려운 빗장을 푼다

이동침대에 눕힌 채
따뜻한 물방울과 비누 거품이
마음을 전하는 손길을 따라
온 몸을 감싸고 어루만진다

여러 날을 쌓고 지낸 땟물이
팔 다리와 머리카락과 눈빛까지

허물을 벗기며 흘러내린다

새 살이 돋아나듯
묵은 침대에 미소가 찾아 들어
방이 착해지고 깨끗해졌다

그제서야 김상사 뺨과 어깨를 타고
닫혔던 마음이 눈물로 흘러내린다
젖은 손바닥도 환하게 웃으며
불빛을 안아주고 있다

맥

옥수수밭 이어지는 대평원 한 가운데서
흙담으로 이어진 골목을 안고들어
거북이가 한 성을 통째로 지고가는
평요고성으로 시간 여행을 떠난다

등껍질 이음새를 따라가는 골목이며
모세혈관까지 한 눈에 내려다보이는 시루에서
기와 한 장에도 문간의 디딤돌 하나에도
조상의 그림자가 배어있음을 본다

가뭄이 든 해에는 배를 손질하고
수해가 나면 수레를 준비하라고
나이테가 자손에게 일러주는 목소리가 들린다

일 년 동안 터를 다지고 금강송을 구해다
집을 세운 나의 할아버지도
후손을 위한 그림자를 담았을 터인데

백년이 넘어 이끼 낀 기와 틈새로

빗물이 샌다고 허물어 버린 집이 생각난다
그러고도 속이 시원했는데
평요고성을 돌아보니 가슴이 아리어 온다

나는 어디에 앉아 전해받은
廉을 자손들에게 일러줄까
맥을 놓아버린 어리석음을 뉘우친다

정순용/ 경북 영주생.
csy7119@naver.com

조 정 이

탑을 쌓으며 외 2 편

과수원에서 돌탑을 쌓는다
한 점 한 점 손끝으로 올려진 작은 돌
어제는 어제의 하루치 햇살을,
오늘은 바람을 안고 앉아 있다
태풍이 돌탑 자락을 끌고 지나간 후에
빗줄기가 돌 틈을 훑고 지나갔다
둥글게 쌓아 온 발걸음이
한 치라도 삐끗해지면
무너져 내린다는 걸 알았다
빈틈없는 공간 속에서
초침으로 올려지고 있는 작은 돌
나를 원형으로 이끌고 있다

시인이 된다는 것

눈 시린 햇살을 멍에로 걸고
반가사유상으로 앉는다
몸통이 온통 가시로 둘러 쌓인 는개마저
햇순 한 두릅 뽑아 올리는 곡우에
분홍바람 가르며 달려가는 종달새 눈빛으로
뜨거운 기운을 눈시울에 적셔보아야지
붉은 하늘과 볕살과 무른 바람을 버무려서
물기 머금은 풀잎 한 자락 빚어내야겠다
산사에서 손 씻고 나서는 종소리가
산마루를 넘어 내 심장까지 다가서는 해거름
이 떨림이 멈추기 전에
땅심과 봄비와 샛바람을 섞어
꽃자리에 돋을새김으로
열매 몇 알 내걸어야겠다

장마 속에서

오래 기다려 온 젖은 휴가다
빗길을 걷다 미끄러져
왼쪽 팔목 뼈에 금이 갔다
실금 사이로 스며드는 잔잔한 습기
진흙 속을 헤매는 미꾸라지 수염이 떨린다
축 늘어진 소릿길 몸 속에서
여우비가 한 번 더 울고 갔다
울음이 번지는 얼룩마다
버섯곰팡이가 새끼를 치고 있다
작은 눈짓에도 허물어질 수 있다는 걸 알겠다
이제 젖은 어둠을 위해
맑은 별을 안고
발밑에 선 휴가를 말려야 한다

조정이/ 경남 사천 출생. 2015 무궁화문학상 은상. 문향 전국여성문학 공모 차하.
chojungi@daum.net

차 달 숙

파도 외 2 편

울릉도에서 독도로 가는 유람선에서
어디서 본 듯한 파도를 만났다
반가움에 손을 내밀어 악수라도 청하고 싶었지만
비릿한 미소 뒤에 께름칙한 눈빛 있어
끝내 호기심 눌렀던 기억
일렁인다, 겹겹의 물결이 펴런 지폐처럼
한 장 한 장 넘어간다
아무리 많아도 바닥은 있기 마련,
독도가 가까워져서야
대마도 앞바다에서 만났던 파도를 기억해 냈는데
비굴한 미소 뒤에 감춰진 음흉한 속뜻,
이젠 노골적이다
이젠 참기 어렵게 한다
생떼 같은 멀미를

그리운 오륙도

먼 뱃길 떠나는 자식
뒷모습만이라도 보시겠다며
배웅하러 나오신 어머니,
어머니 곁에 누이들이 올망졸망 바라보고 있다

어느새 들물의 바닷가
아랫도리 물에 잠겨도 되돌아갈 줄 모르고
눈 시리도록 바라보고 계신다
눈물도 설움만큼이나 그득하신가,
한바다 다 채워 출렁이는데
적막한 하루가 맨발로 바다를 건너
뭍으로 가고

컴컴한 얼굴의 밤이 오면
돌아올 길 잃을까 등불 밝혀 들고
이리 기웃 저리 기웃 살펴보시는데
길 잃은 나는
오늘도 난바다를 헤맨다

배를 깎으며

그리움에 목마른 밤
사각사각 소리 나게 배를 깎습니다
앞에 사람이라도 있어 말 건네듯이
묻는 말에 대답이라도 하는 듯이
소리들이 사근사근 잘도 풀려나갑니다
칼 맞은 배가 눈물을 흘립니다
눈물 탓에 촛불도 그만 마음이 흔들리나봅니다
바르르, 바르르 전율합니다
이 밤으로 누가 왔다 가는지
사각사각 발소리 들려오는 밤
발자국들 다 지우며 싸락눈 오는 밤
깎은 배를 둘로 나눴더니
하얀 속살의 젖무덤입니다

차달숙/ 경남 창녕출생, 시인, 수필가, 시조시인. 새부산시인협회 상임부회장 겸 사무국장.
dscha2428@hanmail.net

최 선 희

콩잎여자 외 2 편

아이엠에프에 신랑 먼저 보내고
말문까지 막혀
거덜난 보따리를 안고 아이 앞세워
친정으로 돌아 온 용자씨
오늘은 불국사 오일장에 앉았다
태양초 자루째 익어가는 가게 옆
얼굴만 가려주는 그늘막 치고
삭힌 콩잎을 판다

'한 묶음 삼천 원'

라면 박스를 찢은 가격표를 걸쳐놓고
다라이 속에 고여 있는 하늘을 헤아리다
설핏 앉은잠이 들었다
빛바랜 콩잎 개켜 비닐 끈으로 묶을 때
누런 지폐 다발로 변신하는 콩잎
백일몽이라도 꾸는 것일까

한 번도 벗지 않은 구릿빛 귀고리가

초가을 햇빛에 잠깐 반짝였다

장사치들만 오가는 오일장
해는 중천인데 파장 분위기다
잎맥처럼 어지러운 손금이
젖은 용자씨 손바닥
누렇게 곰삭은 콩잎 한 장이다

국화꽃더미 속에서

대학병원 장례식장 특1호실
문상 온 벗들이 웃고 있다
생전에 못마땅했던 말투며 버릇이며
애정사까지 부풀려 안주로 삼는다
한 쪽에선 존엄사를 주제로 입씨름이다
국화꽃더미 속에서
나이와 이름을 자랑으로 내 건 나는
어디에도 끼고 싶은 생각이 없는지
내려다보며 멋지게 웃고 있다
친구들이 간 뒤
신부화장을 하고 베옷을 입고 꽃신을 신었다
삼베옷 대신 비단 옷을 입혀달라고
버둥거리다가 잠을 깼다

친구를 문상하고 온 날 밤
식은땀이 등덜미를 적셨고
돌아누워 코를 고는 남편을 보듬었다

문門을 버리다

겨울, 나는 강가강으로 가는 길이었다.

희끗한 머리카락에 비해 근육질 깡마른 사내가 두 발로 젓는 릭샤에 실려 바라나시 거리를 지나갔다. 차선도 없는 길에는 굴러가는 모든 바퀴들이 각기 다른 음높이로 끊임없이 경적을 울리고 청맹과니 소들이 자신의 배설물 옆에 큰 눈을 끔벅이며 누워있다. 그 와중에 개 두 마리가 관광버스 그늘에서 짝짓기를 하고 반만 옷을 걸친 사내는 돌아서서 오줌을 쌌다. 각자 불구를 내세우며 끈질기게 구걸하는 좁은 길을, 정체 모를 악취를, 먼지를 헤치며 지구상 모든 인종들이 밀물로 몰려갔다.

도중에 내릴 수도 없는 순환열차에 몸을 맡기고 피안에 대한 확신도 찾지 못한 채 마침내 가 닿은 강가에는 지금 막 장작더미에 불을 댕기는 화장장이 나타났다. 바로 그때 가트를 등지고 하루를 마감하는 태양이 강물 너머로 기울고 있었다.

저물 녘 광경은 말할 수 없이 장엄했다.

빈 말풍선을 든 나는 어둠이 온 몸에서 묻어날 때까지 길 위에 서 있었다. 언뜻 바람결에 실려 오는 타는 살내음이 어지럼증을 몰고 왔고 거대한 거미줄에서 버둥거리는 한 마리 풍뎅이는 순간 돌아갈 길을 놓아 버렸다.

죽음으로 가는 길목에는 문이 없었다

*강가강-인도 갠지스강의 현지어

최선희/ 경남 의령 출생. 2013《문예시대》 신인상 등단. 현재 한국가람문학회, 부산문인협회, 새부산시인협회 회원.

choisunjai@hanmail.net

권 혜 민

각설이타령 외 4 편

오랜 습관으로 묶여있던 어둠을 해갈하며
더운 바람이 서성이더니
가파른 계단을 오르며 비가 내린다.

'작년에 왔던 각설이 죽지도 않고 또 왔네…'

움켜잡기만 해도 물이 흐를 것 같은
젖은 타령소리가 붉은 등을 타고
맨발로 바스락거리며 달려온다

염병 도졌다고 목덜미 쥐어박는
모지락스런 주인여자
아랑곳 없는 초점 잃은 눈이 허공에서 흔들린다

술집으로 오면서
두고 온 딸아이 생각에
비 내리면 취해서 부르는 노래
자식 찾아 보내던 긴 담배연기마저

빗줄기에 막혀 흩어져버리고
홍등 아래
밤새 각설이타령만 지치도록 날아올랐다

팽목에 띄우다

열여덟 지나 온 짧은 일생을 햇살아래 말려줘야 한다 물에 젖은 채 잠든 얼굴을 품고 날마다 빛을 찾아다닌다 발바닥에 물집을 여러 채 지어도 멈출 수 없다 여기저기 던져오는 돌에 채이고 가시에 찔려도 살려달라는 소리 대신 짜디짠 물을 삼켰을 너를 두고 비명을 지를 수 없다

바다로 가라앉은 노을을 딛고 눈치 없는 달은 느리게 서쪽하늘을 타고 온다 네 방에 등을 걸고 투명한 등속을 설익은 빛으로 채워본다 가위눌린 어둠을 해갈하기엔 달빛은 차갑고 요원하다

노랗게 불 켜고 너를 기억하던 나비가 하나 둘 날개 접고 소등을 시작한다 바람에 찢겨 흔들리던 등피가 소리 없는 오열로 목쉰 소리를 낸다

창가를 서성이며 흔들리던 등을 내려 달빛 쏟아내고 어미 심장을 이식한다 점멸의 시간을 건너 따뜻하게 불을 켠다 한밤중에 일어나 걷는 까치발이 검불처럼 가볍다 이제 물에 뜰 수 있을 것 같다 사소하지 않는 불빛이 칠흑터널을 지나 풍경이 지워진 밤바다에 유등流燈으로 뜬다

붉은 선혈

-동생을 보내고

끌고 다니던 그림자마저
관속으로 들어가 누운 순간.
차가운 방 녹슨 곡소리는
목젖에 달라붙어 소리를 잃었다.

평생 단 하룻밤도 목장을 떠나지 못하고
살았던 동생.
착유기에서 손 놓은 지
몇 시간도 채 되지 않아 멈춰선 심장.
끊임없이 피워 올리는 향불도
소똥냄새 지우지 못했다.

요양병원 누워있는 늙은 어머니 때문에
거짓말처럼 털고 일어날 것 같은데
우윳빛 유골은 형체마저 삼켜버렸다

바람은 소 울음 달고 창문 흔들어대고
망막에 깊이 박힌 뽀얀 유골에서 풍기는
비릿한 우유 냄새로 숨 쉴 수 없다

멈춰버린 동생의 시계바늘은
해독할 수 없는 슬픔이 되어 가슴 찌른다
무릎 꿇고 흐르는 초침에 심장 씻어내지만
붉은 선혈은 점점 커다랗게 번져간다.

구름을 잡다

길 밖에 서면 그 곳에는 길보다 더 오래된 이야기가 산다 빛바래 하얗게 구불거리는 길을 배반하느라, 시멘트벽에 쓸려 피가 배인 줄도 모르고 직진하는 일에 몰두한다

지독한 건망증 속에서 겨우 건져 올린 단어로 담벼락에 걸린 낡은 자음과 모음을 깁는다 까마득한 떨림이 잠시 손등에 앉는 것을 본다

이때 바람이 발뒤꿈치를 들고 지나간다 그 작은 흔들림에도 퍼런 금이 가고 모든 것은 힘없이 흩어진다 으스러진 언어는 뭉그러져 형태마저 상실한 구름이 된다

막다른 길에 기대어 천천히 고개를 뒤로 젖힌다 무방비상태로 뚫린 허공에 시어를 삼킨 문장만 질펀하게 누워있다

오랜 대치 끝에 몸에서 뼈를 빼내어 계단을 만든다. 빠져나온 척추로 만든 휘청이는 계단을 딛고 구름으로 스며든다

새벽

'네 누나가 보고 싶구나'

어머니는 푸른 시간을 향한 타임머신에서
누군가를 애타게 찾는다.
한 번도 불러 본 적 없는 이름 앞에서
질주는 멈추지 못한다.

어머니 기억은 기차를 타고
육십 년 전 새벽 안개역에 멈춰
흙담을 타고 진통을 겪는다

'내가 낳았는데
내가 키우지를 못했어
그 애 좀 찾아 줘'

두 번씩이나 '내가'를 들먹일 때
깊은 우물에서 두레박 올리듯 힘을 준다

낳아서 일주일도 채우지 못하고

하늘 가슴에 묻은 아이
어머니는 매일 새벽 앞에서
똬리를 틀고 앉아 키웠나보다

다시 돌아 갈 수 없는 길목에서
얼굴 없는 누나 손을 잡고
새벽을 향해 문을 나선다
겹을 이뤄 고랑이 생긴 주름 사이로
간곡하게 한줄기 땀이 흘러내린다

시작노트

또 다른 소통을 위해

불을 끄고 구석진 방에서 한참을 울었다. 손아래 남동생이 세상을 떠난 지 일주기다. 살아 생전에 동생과 나는 다섯 마디 이상 이야기 한 기억이 없다. 그래서 더 아프다. 언젠가는 창자까지 홀랑 뒤집어 토해내듯 이야기 할 날이 있을 것이라고 막연히 생각했다. 그러나 영원히 그럴 기회를 상실하고 말았다. 글을 쓰는 내내 동생 생각이 뇌리를 벗어나지 못한다. 내게 있어 詩쓰기는 또 다른 소통과 숨쉬기가 될 것이다.

권혜민/ donnak03@hanmail.net

김 경 연

구름을 잡다 외 4 편

상처끼리 부딪치는 그늘진 무늬로
먼 산등 여린 어깨 실루엣만 남기고
흩어진 소식 물어 한꺼번에 솟았다

햇살을 등에 꽂고 움푹 패인 시선으로
아무 말도 묻지 마라 이쯤에서 작별하자
생 살점 떼어내듯이 하늘빛도 저문다.

남은 갈 길 빈 둑 위에 민들레로 앉혀놓고
무릎 꿇은 고해성사 강물로 흘러갔다
보탬도 서두름도 없는 하늘밖에 일이다

노을

지는 해 뒷덜미에 이력을 쓰는 시간
앉은뱅이 풀잎까지 고백하듯 물이 들고
버텨온 숱한 이정표 언덕아래 누워있다

끊어진 길 앞에서 제자리 맴도는 때
핏기 잃은 낮빛에 허리가 꺾여도
구부려 눕지 말라는 신호등이 붉었다

떠나는 노을빛이 시리도록 환하다면
덧난 상처 그 멍울도 모른 체 넘어갈 걸
처연한 벼랑 끝에서 둘레길에 쌓인다.

장마 속에서

천둥이 하늘에게 분노를 터뜨린다
벌판을 뒤흔드는 죽창 같은 붉은 물결
강물은 풍랑 속에서 혓바늘이 돋는다

좁은 마당 홀로서서 떨고 있는 접시꽃
몸서리칠 여름비에 흙물 들어 누워있다
뿌리는 하늘을 향해 실핏줄로 풀어진다

꽃잎을 뚫고나간 햇살과 젖은 옹기
물 아래 바닥까지 상처 없이 무너지고
돌아와 세우는 시간들 새 그림사 키운다

꽃등

나직한 풍경소리 손잡고 올라서니
인사 없는 일주문 무던하게 서 있고
절 마당 밟기도 전에 연꽃이 지천이다

피와 살을 소진하여 붙들어 맨 끈 하나
설법 받아 들다가 참회 한 줄 지우고
어둠에 눈자위 비비며 몸 달구는 꽃봉오리

하얗게 삭은 등에 발등 부은 저물녘
젖은 손 아껴 모아 염불하는 아낙네
아직도 탈 것이 남았는지 쏟아지는 꽃잎들

카메라 속 고요와 나

렌즈 속 불 지피는 저녁노을 배경으로
메마른 소나무가 절벽에 걸려있고
경계가 아득할수록 손가락 끝이 눈부시다

먼 길이나 떠나온 듯 낯익은 풍경이
오늘을 밀고 가는 안개 휘장 어디쯤
간신히 어둠을 뚫고 오는 것은 무엇인가

정갈히 묶여있던 적막이 깨어나고
무늬를 맞추면서 잔잔하게 번지는
이럴 땐 잠시 눈 감고 지친 마음 짚는다

세상으로 가는 길 덜 지운 얼룩 하나
내 세울 것 없는 삶도 환해질 수 있다는 듯
뭉개진 어둠을 떼어놓고 초점 하나로 시작한다

시작노트

맨발의 흰 꽃잎들

오래전 박혀있던 그 돌을 끌어안고
생살 조금씩 찢으며 나오는 맨발의 흰 꽃잎들
고백하듯 한 겹씩 익어간다.
먼 시간 밖으로 나른하게 감겨오는 체온이 기지개를 켜고 긴 꼬리만 팔랑이는 그 곁에
가도 가도
물거품 헛손질만 거듭하는 내가 갇혀있다.
느린 발길로 걸어오는 너와 함께 걷기 시작하는 날
밤마다 쪽잠을 자며 기다린다.

김경연/ 부산출생. kkae123@hanmail.net

김 미 순

맨발의 낙엽 외 2 편

외풍에 쓰러진 나무 껴안아 보는
한마음노인요양병원 705호실
하얀 시트 위는 건조하다
한낮 소금기 빠진 나무는 미동도 없다
누군가에게 빌릴 수 있다면
다시 태워나고 싶다고 눈은 말한다
기저귀에 아랫도리 살이 문드러져도
핏빛없는 표정은 늘 젖어 있다
마른 가지 위에서
누구를 기다리는지
맨발로 겨울을 건너갈 참인가
애석한 공기는 나를 에워 싼다
지팡이에 의지한 채
비틀거리며 걸어나오는 검은 그림자
구름 발자국을 밟고 갈까
내 어깨 위에 매달려
'애기야 내 좀 데려가자'
손을 저으며 몸부림친다
목이 길어서 고개 떨구던 낙엽

간밤에 몰래 온 겨울비에
숨소리조차 떨어졌다

빨래

아무렇게나 던져진 껍데기
자색 고무다라이 속
풀기없이 흐트러져 누운 빨래
드럼통에 조심스럽게 넣자
강력 세제와 몇 시간째 뒹군다
멈춰 서 있는 몸을 털어가며
표백된 목과 소매깃을 확인한다
소매를 걷어 올리고 가랑이 걸치다가
구멍 사이로 얼굴을 내밀어 본다
수많은 살갗과 숨결들이 울창해진다
재생하고 또 수선한 자리에 일룩은 사라졌나
황홀한 표백에 혼자 웃지 못해
매끄러운 수식어를 연결하지 않고
표정을 살피다가
오늘은 장롱문을 열어 놓고
늦은 밤까지
가지런하게 옷가지들을 정리해본다

잎사귀를 연주하는 달빛

어둑한 저녁
하동 녹차시배지 다랑이 밭
셀 수 없는 가르마 길을 걸어가다
몰래 차향이 풍기는 음률에 젖어 있다

"막사발에 초생달이 앉았네요"

찻잔에 떨어지는 물소리는
여린 찻잎 돌보다가
누굴 기다리는지
새침한 얼굴로 낮게 앉았다
캄캄한 소식으로 살아나오다
화급한 물살 어쩌지 못하고
머나먼 종착점
속옷에 달린 빨간 주머니 속에서
까만 손톱으로 월세금 내밀던 서슬푸른 체온

한 달에 한 번 이때 쯤
알 수 없는 세간 내려놓고

말 못할 사연 뒤로 미루어 내었으니
흐드러진 잠도 이겨내고

그냥 흐르는 강물도 언뜻 보고
저쪽 편에 있는 산 그림자 넘겨짚고
입 속으로 스며나는 한숨의 무게가 녹차밭에서
발바닥이 불이 나게 밭고랑을 오가며
찻잔 속에 스며드는 눈물

키재기로 울창한 햇살에 잘 발효된 찻잎
숲속 효소로 기운을 채운다

시작노트

살며, 그리며

맨발의 낙엽 : 오촌 당숙이 노인병원에 계셔서 병문안 인사차 갔다가 "애기야 내 아무 이상 없다 내 좀 집으로 데려가자"고 나를 잡고 놓아주질 않았다. 아픈 마음과 나 역시 얼마 지나지 않아 저렇게 되겠지라고 생각하니 서글퍼 발길이 떨어지질 않았다 그냥 눈물이 팽 돌았다.

빨래 : 2014년도 12월에 담석으로 인해 병원가는 시간을 놓쳐 염증이 심해져 복강과 동시에 절개에 들어가 쓸개와 맹장을 떼 내었다. 조금 회복 후 서글픈 마음을 노래하였다.

잎사귀를 연주하는 달빛 : 연한 차 잎사귀가 흔들리는 것을 보며 어머니 속옷에 달린 빨간 속주머니 안에서 아버지 몰래 살짝 월세금 내어주며 눈물 흘리시던 어머니, 팔남매 키우며 배불리 먹어본 적 없고 첫닭 울면 일어나 별이 반짝일 때까지 소쿠리를 이고 밭고랑을 왔다 갔다 하는 모습이 선하게 살아있다.

김미순/경남 거제 출생. 2015년 대한민국 제5차 독도사랑 시 공모전 대상. 2015년 제 1회 사하모래톱 전국 문학 공모전 가작. 전국장애인문학공모 입선.

samone5483@hanmail.net

김 선 미

빨래 외 2 편

바구니에 담긴 옷가지들
회전하는 통속으로 들어간다
아빠와 엄마, 딸
셋이 하나가 되어 왈츠를 추고 있다
벗어놓은 시간들이
물거품 속에서
얼룩으로 지워져 나온다
환해진 얼굴들
지나온 길을 보는 것처럼
열심히 걸어온
푸른 향기가 피어나고 있다
가벼워진 포근함이 담긴
빨래 너는 손등에
따스한 햇살이 스며들며
바람 불 때마다
줄 위에 옷가지들이
무지개 그네를 타고 있다

색소폰

연산동 자하철역 지하도에서
감미롭고 풍성한 음계가
메마른 귓전을 울렸다
반달 모자에 썬그라스를 쓰고
연주하는 손가락에 매료되어
색소폰 속으로 들어앉았다
바람만 불어도
소리가 난다고 했지만
쉽지가 않은 싸움을 하며
손가락 더듬거리며
음표가 자유롭게 춤추고 있다
은빛에 흡수되는 맑은 소리
멀리까지 뿜어내는 향기
입술과 손 끝에서
하늘물이 흐르고 있다
뭉쳐진 귀지를 녹여 주며
갈 길이 먼
바람길을 비껴갈 수 없는 것처럼
조금씩 다듬어져 가는

은빛 햇살 속에
허공을 푸른색으로 채워 본다

고니

거센 바람이 빌딩 숲을 흩고 지나간다
창문을 두드리며 튕겨 흐르는 물방울들
허공을 채우듯이
쉼 없이 비 내리는 풍경이 좋다
쫓기듯 물방울로 스쳐 지나가는 시간들
빗소리가 마냥 신나는 행진곡으로 들려온다
따뜻한 모카 향 커피 한 잔으로 여유를 가져본다

고니*가 뜨락을 휘젖고 있다
젖은 등나무 줄기가 힘에 밀려 비틀거리고
찢힌 잎들이 하늘을 휘돌아 부딪히는 소리가
요란스럽게 귓전을 울리며
마당 여저기 널부러져 있다

비바람이 휩쓸고 지나간 자리에
아직도 토할 게 남았는지
구름 가득 머금은 얼굴
한풀 꺾인 더위가
여름 끝자락을 알리려는 듯

서늘한 흙냄새를 날리며 지나간다

*고니 : 2015년 제15호 태풍(8월 25일)

시작노트

향기나는 글

어릴 적 꿈꾸웠던 문학소녀의 꿈이 현실이 되었습니다.

감성과 언어가 부족합니다.

1% 재능과 99%노력이란 말이 좋습니다.

제가 생각하고 말하고 행동하는 것을 진솔하게 적어보려고 합니다.

한걸음 한걸음 조심스럽게 내디디면서 봄 햇살 같은 마음으로 자연에 사랑을 담아 향기나는 글을 쓰도록 노력하겠습니다.

김선미/ 경남 남해 출생 2014년 〈문예시대〉 등단. 새부산시인협회 회원, 부산문인협회 회원

김 원 용

카메라 외 4 편

찰칵,
연분홍빛 입술
노란셔츠가 어울리는
짧은 스커트 각선미가 웃고 있다
그 미소
카메라가 좋아서는 아닐 거고
한 컷을 위해 가시적으로 만든 순간이지만
가슴에 간직하고 싶다
어쩌나,
설레는 게 어디 먼 무지개더냐
밤새도록 잠 설친 새벽이건만
해맑은 웃음에 가 닿지 못하는 마음
찰칵,
속과 겉이 다른 수박일 수도 있을 거야
배를 가를 수는 없지만
당겨보는 기분은 불꽃이야
어디, 속까지 찍을 수 없을까?

깜빡깜빡

짙은 시간
뒤뚱거리는 걸음으로
현관문을 들어서니
잠들지 않고
기다려주는 여인이 있다
술독에 젖어
훈제시킨 삼겹살 타는 냄새
코를 달궈도
빛나는 눈빛
머물러, 머무르고, 머물다 지나간다
웬일이냐고?
무슨 좋은 일이라도
실연당했냐고
물어봐 주지도 않지만
환한 미소까지 덤으로 얹혀준다
빛나는 찰나이지만
비를 내리며
하얀 눈을 뿌리며
기억 저편에서 손짓하는
그녀를 그려보는 불빛이다

삐딱한 미소

웃을 때 입술이 찌그러지는 친구
오랜 시간 삐딱하게 살았기에
그럴 거라고
가슴에 받아 들이려고
애써 웃어준다
타고난 건 아닐 거고
무엇인가
찢어지도록 아픈 일 있지 않았을까
그것도
이것도 아닐텐데, 그렇다면
스스로 만든 왜골적인 서글픔이라면
고칠 수 없을 병으로 남겠지
돌아서면 가슴을 할퀴고
뺨을 후려갈기는 삐딱한 미소
그 상처
왜, 그럴까?

쑥덕쑥덕

저 친구,
3개월도 못 가 새장가 갈거야

아니야,
이미 숨겨둔 여인이 있을지도 몰라

그래, 맞아
어쩌면 숨겨놓은 자식도 한두 명 있을지도 몰라

-몇 년이 흘러서 들려오는 쑥덕쑥덕

저 자식,
아직도 홀로 살고 있다니 이상해. 그쟈?

숫눈 하얗게 쌓이는 밤
남청색 하늘에 떠 있는 조각달을 안고 있다
그는

낙화落花

누구에게나 꽃밭이 있다

잠결에도
가슴
붉게 태우고 있는 너

얼굴은 변했어도
산벚꽃성城*에 움튼 꽃망울

깜박이는 눈길에도
머물지 않는
별소나기 되어 떨어집니다

한번 지고 나면
모든 시간 멈출 것 같은데

피고 지는 일이나
헤어지는 일이 사랑이라 하는데
어디, 너만 사랑하냐!

지는 잎인데도
주름진 얼굴 다름질하며 살고 있다

*산벚꽃성城 : 산에 벚꽃이 구름처럼 피어있는 모습(詩語사전)

시작노트

여분의 행복

2015년 정월초이틀 날 찬바람 속 옷깃을 올리며 두 손을 비비며 영광도서 문을 여는 시간을 기다렸다. '시 창작교실' 수강신청을 하려고 있잖아요, 혹 자리가 있을지 모르지만 없으면 할 수 없다며 신청을 받아준다.

휴, 보람을 당겨보며 수강 첫날을 기다렸다. 아침 10시 30분 수업시작인데 10시에 왔는데도 다들 온 것 같다. 15명 정원인데 어쩌다 창구에서 일을 저질러 추가인원을 받게 되었나보다. 때때로 습작시간 길어질 때나 15명 정도가 알맞을 것 같다는 애기가 오갈 때는 얼굴이 화끈 달아올랐다.

수업 후, 함께하는 맛깔나는 식사와 커피타임에 따뜻한 정을 얻으며 화요일 아침마다 동인들과 하이파이브 하는 즐거움 오래도록 놓치고 싶지 않다.

가을날 물든 잎새가 떨어질 때까지

김원용/ 2009년 〈文藝春秋〉로 등단. 한국문협, 부산문협, 새부산시협, 부산가톨릭문협, 금정구문협 회원. 시집: 『내 마음의 홍등』

김 지 영

다내리

토요일 오후의 햇살처럼
가벼운 웃음들이 떠다니는
감천마을

즐거운 호기심이
나즈막한 담장에 색칠을 하고
낡은 창문 뒤에 숨은
버석한 속살은
과거를 느리게 미행한다

보잘 것 없는 삶에
덧칠된 파란색 지붕
드러난 가난으로 상품이 된 좁은 계단
밀려난 노파의 눈길이
까르르 까르르
어수선한 골목길에 서 있다

삶인 채로 과거가 된 평상에
노파의 굽은 등이 앉고

수다스런 호기심을 모조리 받아먹은
속이 썩은 늙은 버드나무가
진양조로 뱉어내는 그늘이
맘껏 편안하다

오늘을 사는 이곳에서
추억을 만나고
이렇게
감천마을이 수런수런 이어진다

꽃마중

기러기 떠난 자리
홀로 남은 봄바람, 담장을 기웃거리고
빈 가지 지키던 소소리바람
한바탕 휘몰아 돌면
저기 연못가 외롭던 목련
작은 꽃눈 열어
하얀 명주 곱게 펼친다

능금빛 노을 지면
달빛에 취한 봄밤, 목련꽃 만나 휘청거리고
산문山門에 걸린 내 마음자락도
덩달아 휘청거려…

꽃마중 임마중으로 들뜬
그 어느 봄날

낙타의 길

달빛이 수천 번 부서지고
어둠에서 건져 올린 태양이
수만 번 내려앉은 모래알들
거기
남지 않는 발자국 찍으며
나는
또 다시 걷습니다

기다란 속눈썹 아래
광활한 초원을 담은 눈은
모랫길을 끌고 긴 기도로 걷습니다

깊은 산 그림자가 서 있기도, 혹은
아지랑이 건너 푸른 잎맥이 손짓하기도,
가끔은 한 모금 물을 마시며
흔적 없는 모래를 내려다보기도
그렇게 나는
등짝에 얹은 봉우리에서 떨어지는
판도라에 못질하며 걷습니다

걷는다는 것은 갈 곳이 있다는 것

아직은
사막에서 저문 석양을 만나지 못했습니다

다완에 머무는 마음

바람이 쓸고 닦은 대청마루에
햇살이
손님인양 걸터앉았다

쪽빛이 고운 여인의,
무량수전 처마 같은 소맷자락에
괜스레 머물러도 보고
비파색 이도다완 곁에서 홀린 듯 맴돌다
숨어있는 매화 등걸에
화들짝 놀래고서야
여인의 손끝에 있는 차선으로
눈길을 옮긴다

우물에서 길어올린 고요가
대나무 사이로 번지고
차선 닿은 적 없는 바닥에
물결이 일어
바닥에 누운 지구, 물소리를 붙잡는다

고고한 거품이
가벼이 떠오르고
네 몸을 풀어 내 삶을 채운다

태고부터 기억된 배냇향
마음자리 차지하고
물들은 서녘은 흰 연기로 똬리를 튼다

가을날의
조용한 오후가 지나간다

흐엉의 이팝

나비 등에 실려 온 베트남 여인 흐엉
분주해진 봄이 붙여놓은 잎사귀에
조그맣게 앉아서
골라낸 가난들이 결박되어 있는
다낭 포구 이른 밤을 기억한다

수면 위로 허기진 볼륨이 커지고
눈에 걸린 고슬한 냄새가
발등에 질펀하게 떨어진다
기우고 기워 눈물로 엮은 조각보를 들춰
함께 먹던 소찬을 뒤로 하고
흐엉은 나비 등에 올랐다

하얀 꽃밭 같은 폭설이 가슴에 머물다 떠나고
덧대진 눈물은 마른 껍질로 쌓인다

흐엉, 아직도 배가 고픈 여인
5월 그 찬란한 햇살 불러다가
불손하게도 밥 짓게 하고는

벌판에서 하루를 삼켜버린 석양에게
이밥 한 그릇 고봉으로 들려 보낸다

시작노트

그냥

몇 년 전 어느 모임에서 서로의 닉네임을 물어보는 시간을 가졌습니다. 닉네임이 없었던 저는 순간 생각나는 대로 '그냥'이라 했습니다. 시간이 지날수록 그냥이란 닉네임은 게으른 저에게 맞춤옷마냥 잘 어울렸습니다. 힘든 일을 겪고 나서일까요. 적당히 살기로 작정하고 그냥이란 말 뒤에 숨어 설렁설렁 살다가, 반복되는 무료함에 한번 배워볼까? 하는 단순한 생각으로 글쓰기를 시작했습니다. 못 쓰는 게 당연하다는 무식함이 글쓰기를 재미있게 만들었고 제가 이렇게 열심히 산다는 게 뿌듯할 정도로 배우고 쓰고 했습니다. 조금 알고 나니 글쓰기가 어려워집니다. 하지만 조금씩 바뀌고 있는 제 자신을 봅니다. 예전의 그냥이 포기에 가까운 그냥이었다면 지금은 좋아하는 일을, 즐기며 하는 그냥이란 것을 알기에 게으름을 떨치고 책상에 앉습니다. 긴 호흡으로 제대로 배워서 제대로 쓰도록 노력하겠습니다.

김지영 : 전남 목포 출생. 방송대 국어국문학과 졸업. 2015년 〈문예운동〉 등단. 시낭송가. 경남작가회의, 효원수필문학회 회원.

민 정 원

갯바위 외 4 편

씻어 주고 싶다
푸른 물살로 달려온 사랑
금 간 바위 끌어안고
피 흘리며 하얗게 부서진다.

떠도는 흰 구름 띄워주고
눈 큰 갈매기 가녀린 가슴 쓸어주고
바람이 가는 길도 열어 주었다
달빛아래 숨은 별들도 떠내려 보냈다.

찢겨지고 부셔져 날선 바위
따개비 눌러 앉아 몸을 감고
이끼로 얼룩지고 멍든 가슴
안아주고 씻어 주고 싶은데

바위는
두 팔로 제 가슴 쓸어안고
아직도 주저앉아 있다
때 묻은 몸 햇살에 드러낸 채.

비를 맞다

잿빛 하늘 아래 서다
우산을 움켜쥐고
빗소리에 귀 기울인다

젖은 날개깃 털며
날아보려던 아기새 그림자
머리칼에 흐르는 빗물 훔치고
이가 시리도록 깔깔거리며
뛰어다니던 유년의 골목길
바람소리도 조용하다

흩어진 잎새 밟으며
수 없이 오고 간 가로수 길
분주하던 날들 지나고
소곤거리는 빗소리에
고요히 젖어드는 가슴

비 내리듯
떨어져 내리는 시간 속에
조심스럽게 비틀거리는 발걸음.

안경을 닦다

보고 싶지 않아도 보라고 강요한다.
바닷가 모래밭에 떠밀려 반쯤 묻힌
시리아 난민 세 살 어린이
얼음이 녹아 먹이 사냥 못하고
연구기지 쓰레기통 뒤지는 북극곰
태평양 전쟁 악몽을 되살리려 안간힘 다 한
이웃나라 전쟁광 아베의 희멀건 얼굴.

반짝이는 빛으로 가득한 도시의 공간
상가에서 집안까지 빛나는 제품들이 말을 건다
명령한다.
보고 싶지 않아도 보라고 한다
숨 넘어가도록 말을 이어가는 보험광고사,
만들어진 듯 완벽한 미남 미녀 곁에서
쏟아져 나와 주인을 찾는 상품들

어지러운 것은 지구가 돌기 때문은 아니다.
눈에 눈물이 어린 듯 흐릿한 먼지가
초점을 잃게 한다.

초점이 흐려져 넘어진다면
다시 일어서야 하기에
오늘도 안경을 닦는다.

오륙도의 노래

나뉘지 않았다.
바다 밑 천리길
한 몸으로 부르는 노래가 있다.

춤추는 해초들 사이
줄지어 다니는 고기떼와
붉은 산호들이 즐겨 듣는 노래

'우리는 본래 하나다'

따뜻한 햇볕이 그리워
솟아 올라온 해맑은 여섯 얼굴

거친 물살에 휘둘려
서로 모른 척 할 때면
물결아래 숨어버리는 얼굴 하나
다섯은 애타게 부른다.

'우리는 본래 하나야!'

폭우 내리는 해변에서

하늘이 빗살 꽂히듯 내려앉고
춤추는 바다는 마중하여 날아올랐다.
물고기가 날고 모래비가 떨어진다
번개는 하늘에 길을 내고 외친다

'너무 가까이 가지 마라'

넋을 잃고 다가간 한 사람
바다에 삼켜져 하늘로 사라졌다
경계선에 선 한 사람은
도망치다 길을 잃었다.

해변마을은 흰 안개에 갇히고
건물도 사람도 구름 호수 위로 떠다닌다.

'태초에 장마가 있었다'

시작노트

설레임을 느끼며

'열어서 나타난 달… 강가 돌밭에서 나는 쫓느니… 잣나무 가지 높아 서리 모를 화판이여.'

아직도 가슴 설레게 하는 신라의 향가 〈찬 기파랑가〉, 고흐의 해바라기, 말러의 교향곡… 이들에게 다가갈 수 있을 듯 일상의 되풀이속에서 설레임을 느끼고 싶어 나선 길은 어린시절 숙제를 하듯 힘들기도 했다. 그러나 부족하지만 즐겁고 고맙고 행복하다.

민정원/ 부산시 해운대구.
aikam9135@daum.net

박 명 균

옥상정원 외 4 편

미국 마리나 카운티 청사 위 푸른 정원
넓은 공간 속 나무를 심어 자라게 하는 것은
인공의 조화다.

나무를 심어 자라게 하는 뜻은
사람과 자연의 공존으로
함께하는 사랑이다.

조경된 한 옆에 의자를 놓고
쉬고 싶은 사람 가에 함께 하여
꽃밭을 열어준다.

언덕 없는 현대식 지붕
푸른 마당을 열어 놓고
함께하는 터전으로 꾸며 놓았다.

*청사 : County of marina. ca. USA

광안해변의 야경

광안리 해변은 불야성이다.
네온이 춤추는 상가
해변은 꽃밭이 된다.

집어등이 몰려다니는 백사장에
연인들은 손을 잡고
파도 속에 귓속말로 사랑을 띄운다.

따뜻한 해변에 술렁이는 모래알
야외공연 악사들의 연주로 이어져
노천카페는 파도소리와 담소를 나눈다.

광안대교 불빛은 다니는 차를 지켜주고
바다를 밝혀주는 등대다.
파도는 지친 번뇌를 씻어준다.

낙화

고향집 오래된 꽃나무들
온몸으로 봄을 알린다.

눈귀 없고 알려 주지 않아도
때 맞추어 장관을 피운다.

꽃은 벌의 노예이고
낙화는 열매의 어머니다.

스스로 가는 꽃의 길은
우주로 통한다.

※ 매화꽃 : 설중매(눈 내릴 때) 한매 혹은 동매(동지를 넘기고)
꽃빛깔 별(홍매, 자매, 백매, 주매, 중엽매화)
※ 매실류 : 녹지매(가지가 푸르면) 일지매(가지를 길게 내면)
원앙매(한 꼭지에 두 개) 소매(열매가 작고 둥글다)

어머님 사진

함께 살던 시골 집
방에 걸린 어머님 사진보며
생전같이 문안드린다.

자식들 키우시느라
호미 들고 풀을 매고
길쌈으로 밭을 이루셨다.

빨래터를 보면 옛 생각난다.
겨울에도 어머님은
냇가에서 얼음 깨고 빨래를 하셨다.

자녀들이 내 가슴에
한 송이 꽃 달아주는데
어머님은 꽃피는 단오날에
되돌아 올 수 없는 먼 곳에 가셨으니
내 꽃은 언제 달아 드릴까

오륙도 여섯 섬

수평선 지키는 바위섬
오는 배 수고했다 인사하고
가는 배 섭섭하다고 뱃고동을 울린다.

눈 따라 다섯 섬도 되고
여섯 섬도 되는 것은
키 작은 솔섬의 숨박꼭질 때문이다.

키 큰 굴섬은 아버지이고
섬마다 이름 붙여
오륙도는 한 기족이 되었다.

밭섬은 앞에서 등대를 업고
식솔들은 사이좋게
다른 데 가지 않고 집을 지킨다.

시작노트

수행하는 마음으로

책을 멀리한 생업으로 살아왔다. 특히 나이가 들면 건강상 의욕이 떨어지고 매사에 소극적인 자세로 살아가게 마련이다. 늦게 취미로 글을 시작하여 붓 가는대로 마음 내키는 대로 무형식 무기교로 문장과 글이 좋은 것인가를 판단도 못하면서 쉽게 생각하고 글을 쓰게 되었다.

그러나 쉽지 않아 글 쓰는 것을 접을까 생각하다가도 삶의 흔적을 쓰지 않고는 표현할 길이 없어 내 마음에도 차지 않는 글을 남에게 발표하려니 부끄러움이 앞선다.

글 같지 않은 글 때문에 문단에 말이 많다. 그러나 어렵게 형식에 얽매이지 않고 쉬운 언어로 살아온 소재로 자서적인 여러 현황을 편안한 마음으로 자신을 가꾸고 다듬는 일에는 글쓰기가 제격이라 생각되어 사는 동안 수행하는 마음으로 읽고 쓰고 생각하는 삶을 살고 싶다.

박명균/ 울산 울주에서 성장, 〈문예시대〉 수필 등단. 부산문인협회, 퇴계학 부산연구원 회원

박 순 미

장마 외 4 편

쉬지 않고 내리는 비
빌딩과 숲, 길과 길 사이
경계가 희미한 젖은 길을 간다
늘상 오고 가는 길인데도
장대비 속에서 낯설어지고
가슴을 헤집고 하얗게 일어서는 물보라는
길 잃은 나그네 같이 등을 누른다

비에 젖고 또 젖으면
모두가 물이 되는 건지

한 번도 너의 마음에 가닿지 못한
맹물같은 비는 계속 내리고
멀리 가게들의 깜박이는 불빛
대책없는 후줄근한 시간들이
그물에 걸려 들기 시작한다

숙제

탱탱하게 부푼 햇살이
굽은 소나무 우거진 언덕길을 오르고 있다
뜨거워지는 머릿속
토막난 바람이
낯선 풍경 속 희미해진 사진첩을 들추고
사진 찍는 게 무서워 울상이 된 얼굴들
웃어라 웃어라
요즘 억지 웃음보다 편하다

숙제하지 못해 일주일 화장실 청소
코 막아도 소용없는
지금은 약에 쓸려도 귀한 지독한 냄새
선생님은 더 지독하게 가르치시고
눈물겹도록 고마움을 알기엔
세월이 너무 많이 지난 후였지

친구야 함께 한 기억들이
깊게 팬 눈가 주름만큼
시간의 이쪽과 저쪽을 오가며

열심히 주어진 숙제 다 끝내는 날
무거운 어깨 툭툭 털고
가벼운 무게로 일어서 보자

손바닥을 보다

서서히 깃발이 내려지고 있다
푸른 일렁임의 기억이
입덧처럼 생채기를 부리기도 한다
질긴 힘줄이 손목에 달려
쉴새없이 물에 젖고 또 젖어
어묵같이 퉁퉁 불어지고
꽃들과 악수하는 건 생각조차 못했지

잔금 사이로 기차가 달리고
강이 흐르고
작은 모퉁이 길도 생겨나고
허방같은 낭떠러지도 마주한다
시큰하도록 아프게 그어진 무늬

새싹들 피어나는 넝쿨손 지나는 자리
땅을 일구는 갈쿠리가 된다
딱딱해진 나무껍질
너에겐 뒤로 감추지만
고맙다 사랑한다
살아있는 날까지 말해주고 싶다

신발

종일 비 내리고
어둠이 내려앉은 빈터엔
키를 재던 쑥부쟁이 개망초가 얌전하다

문을 나설 수 없는 힘겨운 다리
아픈 발을 위해
기도문 외우듯 꿈을 꾼다

포근히 야윈 발을 감싸안고
발가락을 문지르기 시작하자
심장박동소리 생기 오르기 시작하고
아카시아 향기 어우러진 언덕을 오른다

힘이 오른 발
땅을 박차고 뛰기 시작하자
박수소리 함성소리
하늘까지 오른다

겨울 문턱에서

바람이 만든 길을 걸어봅니다
곱게 꽃 물들어 황홀했던 길에는
부수수 헝클어져 뒹구는 나뭇잎들이
추적거리는 초겨울 차가운 비에
체념하듯 젖어들고 있습니다

노을이 지고 어둠이 내리는 들녘
깊이 숨겨진 울림들이
서로의 마른 가슴을 보듬어 주듯
눈길이 애틋해 집니다

오랜세월 갈망했던
산 너머 먼 그곳에도
또 다른 외로움이 있다는 걸
지나치고 나서야 알게 되는
어리석은 우리의 인생길이
뽑혀져 나간 무밭
무들 아픈 빈 자리처럼
허허롭기만 합니다

시작노트

시들지 않는 집념으로

살아 있다는 것과 글을 쓴다는건 어쩌면 외로움의 가슴앓이를 하는건지도 모른다.

나를 돌아볼 때마다 아직 멀었다 까마득하다 질책도 해본다

시들지 않는 집념으로 어설픈 나를 다독이며, 둥글어지는 연습, 한발 나아가는 연습, 계속하고 싶다.

박순미/경남함안 출생. 부산문인협회 회원. 새부산시인협회이사. 시를 짓고 듣는 사람 모임이사. 고샅문학동인. 시집 『하늘을 오르고 싶은 사다리』

윤 정 희

오륙도 외 4 편

다섯이다

그들 핏줄은 땅이다
살점 떨어진 통증이
다섯 손가락을 세웠다

얼마나 아팠을까
돌아눕지도 않고
골다공증 구멍 틈새로
연신 푸른 동맥을 길어 올린다

단단해진 시간은
깊은 주름을 만들고
노란 검버섯을 틔웠다
썬크림을 잊었나 보다

다시,
한 점 생살을 도려낼 밀물이 눈을 부릅뜬다

여섯이다

말차를 마시다

삼베 한 마 채 못 미치는
다포 위
찻사발에 담긴
파란 뼛가루가 눈부시게 서럽다

태우고 간 흔적 누구일까

가마솥 뜨거운 손짓에
몸 돌돌 말아 거부한 시간
속살까지 검게 타버린 여린 순
두고 온 산빛 생각
젖은 그늘에 말린다

단단해진 거친 기억은
힘에 짓밟혀 일어서지 못하고
얼룩진 속치마가 힘없이 구겨진다

푸석한 초록 가루,
가슴에 쌓인 눈물을 붓는다

다선으로 써내려간 숱한 풀빛
거품 되어 순한 호흡을 멈춘다

詩가 탄다

비슬산 옆구리
빗물이 모둠거리며 걸어 나오다
거친 물덩이로 부서지는 기슭에
방 하나 내었다

곱슬한 흙,
붉은 살점을 떠서 지은 집에는
통나무 뾰루지가 자라고 있고
지훈 어르신 거친 손 지문이 선명하다

아직 비릿한 문자들이 벽을 등지고
풀죽에 의지한 채 바람에 달랑인다
금세 아궁이로 갈 신세다
사흘 굶은 사나운 혓바닥은
문맹이라서 흰 종이 검게 익은
그림나무 주검을 먹는다

영혼 없는 종이가 탄다
채 그리지 못한 가슴이
잿빛으로 바스러진다.

질경이, 길 위에 서다

황토길가에 늘어선 질경이
여름 자리가 눈부시게 서럽다

맨발 질긴 기억은
푸른 이파리에 베이고
멀리가지 않아도
그대 그리던 바람을 태우고
야윈 발아래 선다

가을바람 지나는 길섶은
눈시울이 붉고
빛을 내기 위한 몸부림이 춥다

그대 뜨락을 채우며
빛으로 걸어오는 알몸
멀리 가는 꽃씨로 여물어라
불의 혀처럼 타올라라

비를 맞다

부산이 낳은 파라다이스
영도 75호 광장을 등에 업은
갈맷길에서 너를 만났다

파란 혓바닥은
자갈길을 삼켰다가 토해내고
허리가 끊어진 길에는
게으름이 누워있다

내가 젖기까지는 세 박자다

투명한 점들이 빗금으로 일어서면
맥박은 두 박자로 급해진다
길가던 사람들이 탭댄스를 춘다

뜨거운 입술을 벌려
성난 빗금을 삼키면
바다는 푸른 살이 오른다

너는 마른 머릿결을 만지고
살이오른 뺨을 부비고
끝내는 온 몸으로 들어왔다

시작노트

첫사랑을 보러 가는 마음?

저에게 있어 詩는 힘든 시간을 지나오면서 잠시 헤어졌던 첫사랑을 다시 만난 느낌이라 할까요?

적응하기는 힘들지만, 다시 만난 애인을 놓치고 싶지는 않네요. 시를 통해 내 속에 또 다른 나를 발견하는 기회였으면 참 좋겠습니다. 가슴속 불덩이들을 하나둘 끄집어내는 정신적 노동에서 퇴출당하지 않도록 노력을 게을리하지 않는 성실함으로 언제나 살아 운동력이 있는 꿈틀대는 詩를 평생 지을 수 있는 멋진 여인으로 살고 싶네요. 사치일까요? 이제부터 사치를 누려 보렵니다.

윤정희/ 2011 〈문예운동〉 신인상. 한국 시낭송회 이사, 새부산시인협회 사무차장. 부산문인협회 회원, 새부산시인협 회원. 2011 제3회 한국시낭송회 시낭송대회 대상. 2014 제1회 부산시단 시낭송대회 대상. 시낭송, 시극 해양문학제 및 송도 비엔날레 등 다수 공연.

이 명 숙

가을맞이 외 4 편

잿빛구름 몰려온 창에 빗방울이 그림을 그린다
눅눅한 바탕색에 커피향도 진해진다
창 밖 우산행렬에 시선을 뺏긴다
물든 나뭇잎이 비에 젖어 떠날 채비를 하고
방충망에 뛰어든 매미 마지막이 애절하다

이제 사랑한 날들이 씻겨져 노을을 맞으려 한다
이루지 못한 잎을 보내야만 한다
김현식의 '비' 주제곡이 흘러나오고
창밖으로 떨어지는 애잔한 소리들이
바람에 날리며 창에 얼룩이 진다

내 마음의 집엔 언제나 그가 따라 다닙니다

내 마음의 집엔 언제나 그가 따라 다닙니다
꽃내음 나는 봄바람을 들이 쉴 때도
봄비에 젖은 나뭇잎을 볼 때도
그림자는 따라 다닙니다
지우려 해도 말없이 따라 옵니다
시간이 그렇게 흘렀는데도 한결같은 모습으로
내 뒤를 늘 따라 다닙니다

내 마음의 집에 붙박이가 되어
떠나지 않을 작정인가 봅니다
흩날리는 꽃잎 쌓이던 날엔
더 주위를 맴돕니다
상처 입은 마음의 집이
그러길 바랬나 봅니다
지우려해도 언제나 그랬듯이 말없이 따라 옵니다

이 세상과 끝나는 날
이사 가려나 봅니다
영원히 지워지지 않는
내 마음의 집엔 언제나 그가 따라 다닙니다

봄이다

명랑한 비가 지나간 뒤
갈까마귀 요란스레 노래하는 아침
고운 눈 비비고 나타난 햇살이 밝다
창 너머 하늘에 커튼이 펼쳐지고
길 건너 물먹은 벚꽃나무
망울 부풀어져 내 가슴도 부푼다
어제 일들은 가벼워지고
거품 가득 품은 카푸치노 한 잔에
푸른 소녀가 되어 짝사랑했던
사회 선생님 얼굴 그려 본다
좋은 일들이 펼쳐질 것 같은
흙내음 그득한 아침 뜨락
오늘은 내가 봄이다

전망대 가는 길

백양 전망대 가는 길은
편백나무 향이 함께 걷는다
귀를 채우는 잎바람 소리
가지사이로 쏟아져 내리는 빛줄기는
먼 길을 돌아온 땀을 걷어가고
오솔길에 뿌리 내린 내 그림자를 반긴다
한 사람 한 사람이 지나며 만들어진
뿌리 뒤덮힌 길이 끝날 쯤
펼쳐지는 수해가 시야에 눈부시다
손 끝에 만져지는 해운대가 밝은 빛에 반한다
찌르레기 소리 깊어가는 초복날
줄지어선 편백들이 양산이 되어주고
시원한 그늘에 뿌리가 되어본다

소나기 내리는 산책길

여름을 잡고 싶은 참매미 소리
가을을 재촉하는 귀뚜라미 합창
귀가 반짝이는 기분 좋은 울림이다
보름달 환한 산책길을 걸어가는 노부부의 뒷모습
강아지를 유모차에 태운 낯선 풍경마저도 평온함이 전해진다
끈으로 이어지는 생각들로 가득한 걸음이 갑작스런 소나기에 젖는다
준비 없이 맞는 비에 매듭을 풀어가던 의미들도 멈춰선다
비를 피해 찾아드는 사람들로 정류소가 북적인다
이 순간만은 몰려드는 빗줄기에 시선이 모인다
물먹은 나무와 가로등 빛에 반짝이는 비와 마주하며
쉬엄쉬엄 가라고 하늘이 물조리개를 펼치는가보다

시작노트

영혼의 주름살을 펴며

우연히 그림나무와 인연이 닿았고, 결코 쉬운 여정이 아님을 열정 가득한 그림나무 선생님들을 보며 하나씩 배워가고 있다.

마음 기댈 곳 없는 현실의 틈바구니에서 시는 마음을 보듬어주는 작은 공간이며 내 영혼의 주름살을 펴준다

일상을 시와 함께 사는 지금이 소중하고 서툴지만 계속 그림나무와 나아가고 싶다.

이명숙/1969년 경남 거창 출생. 거창중앙고 졸업

이 리 안

바닥 외 4 편

바닥이 천정이고 천정이 바닥인 집
식탁 의자 끄는 소리가 10층에서 내려올 때
9층 우리도 저녁 밥을 먹는다
8층 천정에 달리기가 시작되면
꼬마 손님이 온 걸 그들은 안다

아파트 같은 연대
천정에 누워있는 사람
바닥에 서있는 이
누워있는 나를
서있는 누군가 받치고 섰다

서로 소리내고 밀어주고 들어주는
모양새 속에서
함께 살아간다

안경

방안 한 쪽에 있는 플라스틱 삼단 서랍
연중행사 대청소 한 번 열어본다
맨 아래 칸 한 쪽 구석
자리 지키고 있는 두 개의 창
흔들리는 나무, 푸른 하늘 함께 보았지
다시금 너를 닦아서 본다
뿌옇게 흔들리는 방바닥 잡동사니
함께 못해 살수 없었던 날들
너, 유효기간 있었니?
참치 통조림도 아닌데
더깨 앉은 먼지 닦아주고
다시 앉힌다 그 자리에
잠든 시간들에 묶인 나를 보며

감자의 눈

감자는 왜 씨앗이 아니고 눈일까
눈이 눈곱만 하다가 어미만한 몸으로 크다니
그건 눈이 아니고 아기집이었다
사람과 눈을 마주하는 꽃인 까닭이다
부풀리는 집의 기세는
보라색 꽃을 기대하는 내 소원에서 멀다

꽃봉오리가 쌀알만하게 생기더니 이내 멈춘다
불룩한 흙더미가 다섯 알을 배었다
꽃대와 곁가지 다 쓰러지고
어미마저 썩어 물이 되어 떠날 때
새끼들 흙삽 아래 또 다른 눈을 준비하고 있다

종기

등 가려워 가끔 긁는 손
작은 멍울이 아무렇지 않게 집힌다
가렵지도 아프지도 않은 티끌이 친구 같다
동거한지 6개월
잠 속에서 뭔지 모를 요구에 손이 갔다

그동안 네가 아팠다고?
그 칩거가 내게 아픔이었다
함께 보낸 숱한 날
먹고 다독이고 붙이던 약들
며칠 후 그가 떠났다

그는 아직도 내 등에 붙어있다
얼룩진 가려움으로 가끔
그건 미세한 통증이다

시간 여행

밖에 나가면 남녘 편이라는 사람
막걸리가 먹고 싶다며 사오더니
오징어까지 구워 식탁에 올린다
다리보다 몸통이 좋다며 실같이 찢어 권한다

초복이 생일인 신사
미역국 대신 저녁에 삼계탕을 사겠다고 하자
웃던 얼굴이 굳어진다
습관대로 빵을 먹자 하니
홀대한다고 역성을 낸다

식탁을 치우며 구시렁거리는데 설거지 봉사한다고 큰소리 친다
빨간 꽃무늬 앞치마 두르고 이웃에 들리도록 음을 높인다

'노세 노세 젊어서 노세 늙어지면 못노나니~'

시끄럽다고 핀잔하며 베란다 창문을 닫는다

'머나먼 저곳 스와니 강물 그리워라~' 로 바뀐다
……

'이 세상에 정처없는 나그네에 길'
어느덧 같이 흥얼대고 있다

시작노트

소중한 기념

이십여년 전 도서대여점에서 책을 빌려 집에 왔다.
그 속에 다정한 가족 사진이 있었다.
그것을 어디에 놓아야 할 지 당황했다.
선보이는 몇 개의 얼굴이 부끄럽다.
그럼에도 소중한 기념이 될 것 같아 스스로에게 박수를 보낸다.
함께 공부한 이들에게 감사하고
위로와 격려를 준 모든 시에게 머리를 숙인다.

이리안/leesu2424@naver.com

이 재 준

손바닥 외 4 편

영도다리 난간에 상현달이 걸려
오고 가는 이에게 눈웃음 주고
갈매기떼 너울너울 춤을 추며
입항하는 선객들을 환영한다

뱃고동 소리 항구를 울리고
육이오 전쟁으로 몰려드는 피난민들
의식주에 급급해서 동분서주하며

국란의 역경은 파도처럼 밀려오고
한숨의 시계바늘 쉬지 않고 돌아간다

영도다리 해변길에 멍석자리 펴놓고
넓은 한지에 손바닥 그림 하나
피난생활 운명을 점 보러오는 이들에게

희망과 안위를 주는 점술인들은
손바닥 그림이 재財테크가 되었다

안경을 닦다

우거진 강나루 숲에 님은 안보이고
짝 잃은 기러기떼만 날아 가네
바람따라 계절은 오고가는데

만났다 헤어지고 오지 않는 임
비에 젖은 내 마음 물에 잠기네

나와 배필되어 한 세월 보내며
웃으며 농사하여 열매도 거두었건만
이 밤에 귀뚜라미는 왜 그리 슬피우나

보고 싶은 그대 얼굴 보기 위해
망원경 끼고 보아도 보이지 않고
마음에 안경 닦고 보니
신부화장 그대 모습 밝게 보이네

등불 아래서

갈매기도 집을 찾는 어두운 바다
허공을 삼키는 별빛 아래
검은 바다 가르며 흐르는 일엽편주一葉片舟

속삭이는 별들의 이야기 들으며
울렁이는 내 마음 잠 재운다
한 생을 홀로 따라오는 이는 내 그림자
밤바람 한 자락에도 나는 흔들린다

깊숙한 허공에 돛단배 떠 있어
밤길 바닷가 기슭 한적한 곳에
네가 차고 앉은 걸쭉한 벤치엔
못 다 한 한숨만 소복이 앉아 있네

물씬한 갯냄새 포구를 덮고
무엇이 너를 찾아오는지 모를
가로등 불빛 아래 너는 졸고 있어도
나는 가슴이 아린다

길 위에서

해운대 달맞이 언덕아래
색시의 안방처럼 고즈넉한 청사포
산 안개 발 묶어 늪이 된 길
일출의 밝은 등불 청사초롱 밝히네

하늬바람 손짓에 파도가 몰려오고
갈매기 춤추며 노래하는 포구
사월에 방긋 웃으며 나오는 새싹들
여름에 흐르는 땀을 씻어주고

가을엔 푸른 하늘과 바다가 하나 되어
겨울엔 포근한 흰눈으로 덮이고
청백의 조화 속에 잠자는 생명체들
찰싹이는 파도소리 자장가로 들려 준다

마을 뒤 철길엔 덜컥 덜컥 강약 박자에
기적소리 울리며 나그네 보따리 싣고
달리던 동해 남부선 기차는
추억을 남기고 어디론가 사라져 버렸다

텅 빈 철길 가엔 들국화 피어있고
길 위에 녹슨 레일에 자유로운 영혼
천국 가는 사다리로 길게 누워 있다

성지곡 수원지

구름도 쉬어가는 성지곡 수원지
늘어진 나뭇가지 바람 잡고 춤을 춘다
서쪽 백양산 준령 아래 솟아나는 옥천수
골짝마다 실개천에 흐르는 생수
천혜天惠의 비경 호수를 이루었다

나뭇잎 수 놓아 비단 이불 펼쳐 놓고
서산으로 기운 등불 이불아래 밝혀두고
금은 붕어 잉어들이 연애를 한다
오리들은 샘이 나서 비단이불 찢고 다니며
노송은 수중으로 다이빙 하네

남쪽에는 흐르는 땀을 씻어주는 바람 고개
동쪽에는 아침 태양을 받아 안은 쇠미산 봉우리
북쪽에는 만복이 넘어오는 만덕 고개가 있다

계절 따라 모여드는 부산 시민의 안식처
빈부귀천 구별 않고 따뜻하게 안아주는
어머니의 가슴 같은 성지곡 수원지

백년의 지난 세월 애환의 눈물이 가득 고인 곳
물안개 꽃 피어 목마른 초목에 갈증을 풀어주는
오늘도 피로를 씻기 위해 성지곡을 찾아 본다

시작노트

새들이 날아와 앉기를 소망하며

희수喜壽를 지나고 산수傘壽를 맞이하는 연륜에. 시문학에 입문하여 시를 쓴다는 것이 쑥스럽기도 하다. 지나온 삶을 뒤돌아보니 굽이굽이 질곡의 세월 애환도 많았건만 어느 하나 남기고 갈 것이 없다. 모든 것 나그네 길 비포장 도로에 소달구지 지나가는 소리처럼 살아온 뒤를 다시 돌아보며, 고목나무 정수리에 연약한 가지가 자라 새들이 날아와 앉기를 소망하며. 황혼길에 시는 나의 애인이 되어 오손 도손 정담을 나누며, 석양의 구름 꽃 그리며 여생을 마치고저 한다.

이재준/ 부산지역 장로연합회 회장역임 국제 y.s멘 부산 서면클럽회장역임. 국제 로타리366 지구 부산서면클럽 친선위원장 역임. 전 효원수필 문학회회원. 부산진구민20회 문예작품 공모전 수필부문입상. 23회 시 부문특선.
jun8944@hanmail.net

정 주 영

비를 맞다 외 4 편

하늘이 땅을 두드리는 노크소리
걸음을 멈추고
우산 속에서 눈을 세우면
길바닥에 무수히 꽂히는
! ! ! ! ! ! ! ! ! ! !

내 몸 안에서도
서서히 기포가 터지는 물방울들
, , , , , , , , , , ,

온몸이 젖으면서
사라진 메아리와 함께 돌아오기 시작하는
소라 웃음소리,
농어 울음소리,
갈매기 날개짓… 그리고
그물 손질하는 어부들

돌아가야지
때 묻은 옷 벗고
안개비 자욱한 포구에

내리는 비 맞으며 돌아가야지
? ? ? ? ? ? ? ? ? ?

녹차를 마시며

봄을 간직한 채
미라가 된 녹차 잎
이제사, 제 이야기 들어줄 사람 만나
온기 있는 물에 몸을 푼다

압축 파일 풀리듯
찻잔 속에 번지는
지난 봄 햇살, 구름, 바람 냄새…

차 한 모금 마시면
몸 안 가득
무적霧笛처럼 번지는 푸른 맛

녹차 잎 같은 몸 한 줄 쓰고 싶다

셀카 앞에서

벌써 상강霜降인가
렌즈를 들여다보고 있는 사내,
머리에 서리가 내렸다

떠나 간 봄날을 그리워하는가
여름 땡볕에 흘리던 땀을 갖고 싶은가
뿔테안경 너머
눈동자가 초점을 잃었다

창밖은 늦가을
지나간 계절은 나이테에 묻어두고
물든 이파리 하나 둘 풍장하며
빈 가지로 떠날 채비를 해야 할 때

아득히 먼 피안彼岸을 향해…

오륙도

내 사랑 돌이 되었네,
바다에 심어 놓은 섬
뿌리 내린 깊이조차 알 수 없네
파도가 밤새 몸부림쳐도
끄덕 않고 입 다물고 있네

흰돌로 쌓아 올린 작은 성城에서
밤마다 등불 내거는 사랑은,
육지를 꿈꾸기보다 차라리 별이 되었구나

귀향하는 길에 눈이 되어 주고
동과 남을 가르마 지었네

태평양을 꿈꾸는 갈매기들
무시로 찾아들어 입 맞추고 빰 부비다
밤이 되면 네 품에서 날개를 접네
은하수 내려와 길을 열면
꿈은 바람과 함께 바다 건너네

내 사랑은 섬, 등대, 갈매기
그리고 마술…

실크로드에 서다

낙타가 박아 놓은 재봉선
해진 침선針線따라 서역에 갔더니
투루판 바자르,
낯익은 사람이 살고 있었다

길고 먼 길 끝에서 만난 그림자
전생에 어느 길목에서 헤어졌는지
어머니였는지 혹은 누이였는지
와락, 껴안아 주고 싶은 여인

천도복숭아 좌판 앞에 앉은
깊은 눈, 쪽을 찐 머리는
무언가 할 말이 있는 듯
갈색 눈동자 이슬에 젖어 있다

지친 사막은 등불 밝히는데
끝내 얽힌 매듭 풀지 못하고
실크로드 위에 서서
바람을 찾아가는 이방인

시작노트

어느 수부의 항해일지

돛단배를 타고 바다를 건너고 있다.

대양을 건너면서 수부가 어찌 태풍과 파도가 없기를 바라겠는가.

끊임없이 밀려오는 너울을 헤치면서 수부는 뱃머리에 부딪히는 물보라 같은 언어로 항해일지를 쓰고 싶을 뿐이다.

정주영/부산시 공무원명예퇴직.
jeong6552@naver.com

값10,000/변형국판 양장본

책펴냄열린시 제3시선-03

김경숙 시집 **얼룩을 읽다**

몸속에 불꽃을 숨기고 있던 여인과
깊이 눈 맞아 단칸
지하 방에다 살림을 차린 적 있다
때마다 목욕물 데워 씻어주고
보리차 끓여 갈증 풀어놓고
뜨거워진 이불 속에서 밤마다
부끄러워하는 후배위로
열아홉 꽃을 피우자던 그녀
하얗게 재로 남을 줄이야

–「연탄불」 전문

값8,000/변형국판/2014

책펴냄열린시 제3시선-06

박재곤 시집 **강물의 정거장**

시간을 타고 내려온 강물이
모래톱에 어깨를 놓는다

떡갈나무숲 속 옹달샘에서 태어난 몸
낮은 곳으로 떠나며 자랐어도
언제나 모자라는 마음은
세상 끝없이 배가 고프다

–「강물의 정거장」 부분

값8,000/변형국판/2014

책펴냄열린시 제3시선-07

성창경 시집 향유고래의 노래

그늘 짙은 사람 함께 사는 빛이 나는 그늘
눈물 깊은 사람 곁에 사는 단맛 나는 눈물
흠 난 상처 어루만져 지우는 햇살
덧셈은 잊고 뺄셈에 능숙하여
등 굽히고 약칠하는 구두닦이
백 명 허기 가슴에 새기며
노동에 할킨 자국 지우는 왼손
빛을 모우는 오른손이 분주하다

–「상처를 닦는 사내」 부분

값8,000/변형국판/2015

책펴냄열린시-가슴에내리는 시

변 송 시집 목련이웃

떠나는 물은 다시 오지 않는다
물을 넘어 건너뛰는 시간들
돌다리 사이 여울목에
멈추지 않는 푸른 노래여
비바람이 건너가지 않는다면
등 구부려 앉은 이마위로
겨우내 기다렸던 죽은 갈대가
시린 물을 건너 피안에 갔다

–「징검다리」 부분

값10,000/변형국판/2015

책펴냄열린시 -가슴에내리는 시

백지영 시집 아라가야 연꽃

화석이 된 그대
칠백 년 깊은 잠에 들었다가
함안 옛 이름 아라가야
박물관 앞 연못에서 깨어났다
연꽃이 씨앗에 꽃을 피워
화려한 자태로 얼굴 붉히고 있다
고려 여인이 시공을 넘어
홍련으로 태어나
이십일 세기 햇빛을 살고 있다

–「아라가야 연꽃」 부분

값8,000/변형국판/2015

책펴냄열린시 제3시선-09

강영환 시집 블랙커피

동전 몇 개를 집어넣고 기다리지만
자판기에서는 에티오피아가 쏟아져 내린다
굶주린 검은 소녀 큰 눈과
갈비뼈를 드러낸 노인 가늘고 긴 손가락이
종이컵에 채워지는 동안 텁텁한 내 입맛은
시방, 기근 속 아프리카다

다시 한 잔 커피를 뽑아 들고

–「블랙커피」 부분

값8,000/변형국판/2014

책펴냄열린시 제3시선-08

송연우 시집 **비탈 그리고 제비꽃**

동박새 노래도 비탈로 내려온다
고요히 구름을 뭉쳤다가 흩어지는 하늘 아래
넓혀진 2차선 국도는 늘 비탈이 굽어본다
벼랑끝에 아슬아슬 버티어 선 제비꽃 친ㄱ들
쉴새없이 언덕을 오르는 자동차 뿜어나오는 매연 보다
벼랑에 선 고달픔에 많이 울었을 게다
바람이 휘어잡고 비 회초리가 치고 발목 삐끗하면 굴러 떨어질

–「비탈 그리고 제비꽃」 부분

값8,000/변형국판/2015

책펴냄열린시 제3시선-04

조규옥 시집 **초록 손바닥**

시간은 가끔 장미무늬 식탁보를 적십니다 세월에 길들여진 여우를 만나러 그 속으로 들어가면 부단한 삶의 사설이 가만히 눕습니다 숨겼던 속내가 거짓말처럼 투명하게 보입니다 사람들에게 쉬 내보이지 않았던 생채기들이 하나하나 호명하지 않아도 어둠 속 별빛처럼 빛내며 가슴 적십니다 따뜻한 설록차 한 잔으로 속을 데워봅니다 살아 온 날들의 여린 시력이 유리 밑으로 나폴거립니다

–「장미무늬 식탁보」 부분

그림나무 회원 동정

변　송/ 2015. 5 시집 〈목련이웃〉 발간.
김경숙/ 부산문협주최 해양문학상 우수상.
이만장/ 〈문학세계〉 신인상 등단.
박재곤/ 새부산시인협회 〈부산시단〉 등단.
송경희/ 새부산시인협회 〈부산시단〉 등단.
차달숙/ 2015년 9월 수필집 〈추억자리에 서서〉 출간.
강영환/ 2015년 10월 시집 〈블랙커피〉를 출간.
조정이/ 2015 무궁화 문예전국 공모에서 은상.
〈문향〉 여성시 전국 공모에서 차하.
김미순/ 사하구 모래톱 문학공모에서 시 입선,
전국장애인문학공모에서 시 입선.
정지윤/ 〈문향〉 여성시 전국 공모에서 차상.
〈요산문학축전〉 백일장 시부 장원
신진련/ 〈문향〉 여성시 전국 공모에서 장원.
〈한국해양문학상〉 전국 공모에서 금상.

원고모집

책펴냄열린시에서 발간하는 엔솔로지 〈그림나무 시〉는 부정기간행물입니다. 2014년에 창간호가 발행되었습니다. 특히 그림나무 회원들이 주축이 된 이번 호에는 초대시인 여섯분과 그림나무 회원 35분이 참여하여 수준 높고 행복한 엔솔로지가 되었습니다.

그림나무가 2016년 발행할 제 3집 원고를 기다립니다.

그림나무 회원뿐 아니라 시를 사랑하는 분이면 누구나 참여하실 수 있습니다. 단 엔솔로지 품격을 위해 일정 수준을 기다립니다.

1. 종류 : 시
2. 편수 : 3편
3. 마감일 : 2016. 9. 30
4. 보낼 곳 : ebond@hanmail.net 그림나무 편집실
5. 기타 : 게재여부 개별 통지.

2015. 11. 05

그림나무 편집위원회